はじめに……

近年では、模型に電飾を組み込んだ作品を多く見掛ける様になりました。ちろろん、模型が光るだけでも充分に魅力的な作品になりますが、その光が動いたり変化したりしたら、もっと楽しくなると思いませんか？　本書は、マイコンの一種であるPIC（ピック）を使い、模型をもっともっと楽しく電飾しようという本です。PICは、小さいけれど立派なコンピューターであり、プログラム次第で、好きなタイミングでLEDを点灯させたり、スイッチの状態によって動作を変えたりすることが可能になります。自分の模型に、自分の意のままに動くコンピューターが組み込まれているなんて、ちょっとワクワクしてきますよね。じつは、自分で書いたプログラムを実行できるマイコンは、PICだけではありません。最近では、Aruduino等の安価で高機能なマイコンが登場してきており、組み込み用途に設計された古い内部構造を持つPICは、時代遅れに感じられるかも知れません。それなのに、なぜ本書ではPICを使うのか？それは、模型を電飾する事が目的だからです。

- 【小さい】ワンチップなので、小さな模型の内部にも容易に内蔵できる。（5mm角のPICもある）
- 【機能的】余分な機能を持たないPICを選択することで、必要にして充分な能力を発揮する。
- 【コスト】安価で入手しやすい。（模型内部に閉じ込めてしまっても惜しくない）

このように、模型に対してはとてもアドバンテージの高いPICですが、導入の一番の妨げになっているのは、使い方がちょっと難しいということです。モデラーにとっては、PICの使い方を習得することに時間を掛けるより、工作や塗装のノウハウを学んだ方が実用的ですから、便利でおもしろいことは判っていても簡単には踏み込めないのが実情です。そこで本書では、使用するPICを2種類に限定し、とくに面倒な初期設定の部分をテンプレート化することで、誰でもすぐにプログラムを書き始めることができる環境をご提供します。学習する内容も、何が必要で何を準備すれば良いのか、プログラミングするために何を知らなくてはならないのか、回路の作り方やプログラムとの関係といった、PICを使いこなすために必要な知識を簡潔にご案内します。つまり、まずは手っ取り早くPICを使ってみよう！　という入門書になっています。それでも、PICを使いこなすまでには、ある程度の基礎知識はどうしても必要になります。既に電飾を楽しんでいて、ハンダ付けの経験がある方が対象となりますし、パソコンやソフトの知識についても、一般的な初歩の部分は止むを得ず省きました。その代わり、「電飾しましょっ！」からステップアップしたいと考えていて、光るだけでは物足りなくなったモデラーにとっては、実用的ですぐに活用できる内容になっています。PICを使うことで、いままで不可能だった表現が、いとも簡単に可能になります。もしかしたら、いままで想像もしなかった表現を思い付いてしまうかも知れません。本書をきっかけに、みなさんがPICを自在に操り楽しく活用していただけることを、切に願っております。

どろぼうひげ

目次　table of contents

- はじめに …… 02
- **01 導入編** …… 09
  - 01-1 PICとは …… 10
  - 01-2 開発に必要な機材 …… 12
  - 01-3 開発に必要なソフトウェア …… 14
    - ・開発の流れ
    - ・プログラム言語
    - ・MPLAB X IDE
    - ・XC8コンパイラ
  - 01-4 ソフトウェアのインストール …… 16
    - ・MPLAB X IDEのインストール
    - ・XC8コンパイラのインストール
  - 01-5 開発用機材の製作 …… 24
    - ・PIC書込みアダプタの製作
    - ・極小PICを使う場合には
    - ・テスト用電源の製作

- **02 基礎編** …… 29
  - 02-1 C言語とは …… 30
  - 02-2 変数 …… 31
    - ・扱える数値
    - ・データ型
    - ・変数の名前
    - ・初期化の方法
  - 02-3 基本的な命令 …… 33
    - ・プログラムの構造と文法
    - ・演算子
    - ・条件分岐
    - ・ループ（for・while・break）
    - ・関数（サブルーチン）
    - ・乱数 rand()
    - ・Delay()

- **03 活用編** …… 45
  - 03-1 準備 …… 46
    - ・開発専用のフォルダ
    - ・MPLAB X IDE 最初の起動
    - ・便利な使い方
    - ・プロジェクトの作成
    - ・ソースファイルの作成
    - ・コンフィグの自動生成
    - ・そのほかの設定
    - ・テンプレート化
    - ・初期設定部分の解説
    - ・プログラムの構成
    - ・コンフィグの内容
    - ・ヘッダとインクルード
    - ・そのほかの設定内容
  - 03-2 パーツを準備しよう …… 60
    - ・必要なパーツ
    - ・PICの電源
    - ・電源を製作する

- **04 実践編** …… 63
  - 04-1 LEDを点灯させる …… 64
    - ・MPLAB X IDEの使い方
    - ・プロジェクトの新規作成
    - ・LEDの繋ぎ方
    - ・ブレッドボードの使い方
    - ・プログラミング
    - ・コンパイル
    - ・PICkit3の設定
    - ・PICへの書き込み
  - 04-2 たくさんのLEDを点灯させる …… 70
  - 04-3 スイッチ入力 …… 73
  - 04-4 別のPICと連携する …… 74
  - 04-5 LEDを明滅させる …… 75
    - ・PWMの仕組み
    - ・変数の変化
    - ・プログラムの解説
    - ・応用例

- 05 あとがき …… 87

POLICE SPINNER
on BLADE RUNNER

©1982, 1991, 2007
WARNER BROS. ENTERTAINMENT INC.
ALL RIGHTS RESERVED.

PICを使ったコントロールの醍醐味といえば、多数のLEDの制御。本作ではふたつのPICを使い、24個のLEDの点灯を制御し劇中車両同様の点灯を再現している。

ポリススピナー
（1/24 フジミ スピナー使用）
インジェクションプラスチックキット
出典／「ブレードランナー」
製作／どろぼうひげ

※本作品初出「Scale World Vol.2」（マックス出版）

▲ダイオラマベース経由でAC電源の12Vを供給されているが、9V電池を内臓することで、単品でも点灯することができる

▲両サイドのドアの開閉が可能なほか、機首のタイヤハウスを点灯させたまま、タイヤを出した着地状態を再現できる

POLICE SPINNER

ふたつのPICで24個のLEDパトランプを制御

本作品は、内装や車先頭の発光部、車体側面のウイング部などを電飾しているが、天井のパトランプはPIC16F88を使用し、14個のLEDを別々の周期で明滅させている。さらに下面に5セットある交互点滅のランプ用にもうひとつPIC16F88を搭載して制御している

背景もPICで電飾をコントロールし世界観を演出

▼背景セットには、液晶モニターを搭載し、劇中で流れるCMを映し出す。電源が入ってからのモニターの動画再生モードの切り替えや画像の再生など一連の動作もすべてPICによる制御で行なわれている。

▲劇中に登場するネオンサインもLEDで再現。各色ごとに透明プラ板に投影したい模様をモールドし側面からLED光を差し込むことでネオンを表現している。赤や緑などLEDの光る順番をPICを使って制御することでネオンの点滅を表現

ぎっちりと電装を作り込み、内部に収めてます

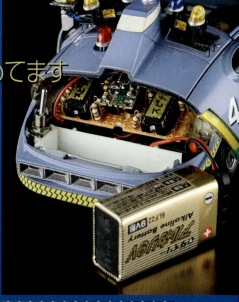

外見だけでなく、室内のコンソールや正面パネルなどもLEDを使って点灯させている。コンソールは内部にLEDを仕込み、遮光して点灯させたいスイッチ類の部分だけ光らせている。車体には9Vの電池とスイッチを内蔵しており、ディスプレイスタンドから外すと内部電源に切り替わり、単独でも点灯できるような工夫がなされている

ネオンサインを制御しているPIC。本書で紹介しているDelay命令をつかって各色のネオンの点灯タイミングをずらす演出をしている

輝度をそろえるためにLEDはすべて白色を使い、透明カバーに着色した色を発光色としている。

上面用と下面用のPICマイコンは、コンパクトに1枚の基盤にまとめて搭載した。

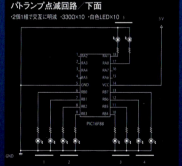

本作品は、多数あるスピナーのパトランプを光らせるだけでなく、劇中に登場する撮影用プロップと同様のタイミングで、つまりはそれぞれが別な周期で点灯／消灯をくりかえしているものをPICを使って再現しようという画期的な、かつPICをつかってこそ可能な電飾模型作品。さらにダイオラマベースとなる建物には市販の液晶モニターを登載。動画を再生する用途のものではなかったので、電源ONから動画を再生するまでのスイッチ操作が必要となるところを本書で紹介しているトランジスタによるスイッチングを応用。電源オン→動画モード→SDカード選択→再生ボタン→再生画面最大化という一連のボタン操作を、PICマイコンに操作させる。これによっていつでも電源をいれるだけでセットした動画が背景で再生されるという大変な力作だ。また、上記のようにネオンサインの点灯の制御にもPICを使うなど、PICを使ったプログラム制御がなくては成立しない電飾模型作品となっている。

※この作品の詳しい製作工程は、webサイト「どろぼうひげの製作記」に掲載されています。
https://dorobou.blog.so-net.ne.jp/

ブレードランナー ファイナル・カット

日本語吹替音声
追加収録版
ブルーレイ（3枚組）

発売日：2017/09/20
希望小売価格：5,990円＋税
製作年度：1982年
ディスク枚数：3枚
品番：1000692538
JANコード：4548967342109

©1982, 1991, 2007 WARNER BROS. ENTERTAINMENT INC.
ALL RIGHTS RESERVED.

HUNTER KILLER TANK

5つのチップLEDを連続で点灯／消灯させ、回転灯を再現する

『ターミネーター2』に登場するハンター・キラー・タンクはサーチライト、パトランプ、そしてレーザー機銃などただのLEDの点灯では表現できないポイントの多い模型だ。ここではそれぞれの部位のLEDの明滅にPICを使ってコントロールしている

ハンター・キラー・タンク
ペガサス 1/32
発売中 税別16800円
T-800 エンドスケルトン（5体セット）
ペガサス 1/32
発売中 税別8600円
出典／『ターミネーター2』
製作／どろぼうひげ

T-800の目などは常灯。頭部には赤いチップLEDを内臓させ、目に光ファイバーを通して採光し両目を光らせている。ハンター・キラー・タンクの胸のサーチライトは常灯で、輝度の高い砲弾型LEDを左右にそれぞれ使用している

1 2 この作品でPICを使用しているのは青と赤のパトランプ部分。ここは物理的に光源を回転させるのではなく、複数のチップLEDを順次明滅させていくことで内部で回転しながら点灯しているように見せる。これは本書第4章「実践編」でのプログラムの組み合わせで実現している **3** 両腕のプラズマ砲は砲の内部に仕込んだLEDの光を光ファイバーで銃口まで導いて発光させている。マズルフラッシュはランダムだが、これも本書P19で紹介しているランダム関数を使い、PICで制御している

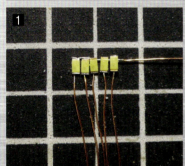

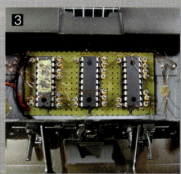

1 回転灯に使うチップLEDをまずはハンダ付け。プラス側がそれぞれにハンダ付けされ、マイナス側（GND）は一本の線に乗せてハンダ付けされている。これはこのあとこのチップLEDを円状にしやすくするため。使用してる線はポリウレタン導線。**2** ハンダ付けしたチップLEDを2㎜プラ棒に巻きつけ固定し、回転灯とする。このチップLEDを順番に点灯／消灯していくことで光源が回転している様子を再現する **3** 回転灯を固定した本体の裏側にはPICを収めた基盤が固定されている。それぞに赤、青、プラズマ砲の管理をするPICで、回転灯のLEDは抵抗をはさんでPICにつなげられているのがわかる。

この作品ではPIC16F1827を使って6つの回転灯、ふた組のプラズマ砲の点灯を制御している。回転灯は円状に配置したチップLEDを次々に点灯／消灯させ回転しているように演出している。しかし、ただの点灯／消灯では光が動いているようにはみえない。それぞれのチップLEDがじんわりと発光しじんわりと消えていく、そして隣のLEDがまたじんわりと点灯して……というコントロールがあって、はじめて回転しているように見えるのだ。これには本書で紹介しているPWM（パルス・ワイズ・モジュレーション）という仕組みで、それを用いたプログラムの書き方も本書では紹介している。

ターミネーター2 4Kレストア版
[Blu-ray]
Blu-ray（税込5184円）
4K（税込73400円）
ディスク1枚
販売元: KADOKAWA／角川書店
発売日 2019/02/08

※この作品の詳しい製作工程は、webサイト「どろぼうひげの製作記」に掲載されています。
https://dorobou.blog.so-net.ne.jp/

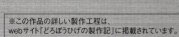

Terminator 2: Judgment Day, T2, THE TERMINATOR, ENDOSKELETON, and any depiction of Endoskeleton are trademarks of Studiocanal S.A. All Rights Reserved.
© 2013 StudioCanal S.A. ® All Rights Reserved

本書で使用するPIC

PIC12F1822

PIC16F1827

▲本書では数あるPICのうち、ふたつのPICを使用することを前提とすることで、それに伴うコンフィグ類の設定を共通化し、プログラム開発に慣れていないひとでも理解しやすくしている。これはPICについて詳しくなるのではなく、模型の電飾にどう役立てることができるかを目的としているためだ

PIC12F1822SOPパッケージ

PIC16F628A

▲こちらは極小のPIC。スペースの問題など、場合によっては、これら極小のPICを使わざるをえない。そういった場合のテンプレートなどについても本編で紹介する

PICを電飾に使用した回路例

▲実際にPIC（PIC12F1822）にプログラムを書き、それにLEDと電源（電池ボックス）を繋いだ例。このPICにはLEDが回転灯のように点滅するプログラムが書き込まれており、このような状態のものを作って、実際に模型に組み入れる工作をすることになる

開発に使用するハードウェア

マイクロチップ PICkit3（税込6032円）
マイクロチップ純正のPICマイコン書き込みツールです。本体のほかにUSBケーブルが付属します。

Pickit対応ICSP書き込みアダプターキット（税込2000円） Pickit2、Pickit3および互換製品に対応した書き込みアダプターセット。組み立て式

▲パソコンにはUSBを介してPICkit3を接続し、その先に書き込みアダプターを接続する

そのほか使用するパーツ

【LED】
本書で使う各種のLED/ 左からチップ、砲弾型5mm、砲弾型3mm、角型

【抵抗】
LEDの保護抵抗などに三種類の抵抗を準備
上から330Ω（橙・橙・茶・金）、220Ω（赤・赤・茶・金）、4.7kΩ（黄・紫・赤・金）

【ICソケット】
PICは、直接ハンダ付けせずにICソケットに挿して使う。
・PIC12F1822 用として8ピン（右）
・PIC16F1827用として18ピン（左）

【コンデンサ】
電源からノイズを取り去り、電圧を安定させるため、プラス・マイナス間に0.1μFのセラミックコンデンサを付ける

【基盤】
回路はたくさん穴が開いたユニバーサル基板に組み立てる。
画像は片面ガラスユニバーサル基板
sanhayato ICB-288

【ピンコネクタ】
回路を仕込んでおいたパーツ同士を接続したり、ベースと模型の電源を繋ぐ場合などに使用する。たくさん繋がっているものから、必要な本数を切り出して使用

01
SETUP

導入編

PICが使えるようになるまでには、さまざまな機材や環境が必要になる。それらの開発用機材やソフトウェア、開発機材の準備について紹介する

01-1 PICとは
01-2 開発に必要な機材
01-3 開発に必要なソフトウェア
- 開発の流れ
- プログラム言語
- MPLAB X IDE
- XC8コンパイラ

01-4 ソフトウェアのインストール
- MPLAB X IDEのインストール
- XC8コンパイラのインストール

01-5 開発用機材の製作
- PIC書込みアダプタの製作
- 極小PICを使う場合には
- テスト用電源の製作

PICとは？

PICとは、自分でプログラムを書いてLEDを制御することが可能な、ワンチップのコンピュータです。モニターやキーボードのようなインターフェースを持たず、入出力のピンだけのICみたいな形をしています。このなかにメモリやタイマーなどが内蔵されていて、一度プログラムを書き込んでしまえば、電源を入れるだけで手順どおりに黙々と働いてくれます。そんな便利なPICですが、モデラーにとって決して使いやすいものではありません。モニターもキーボードもありませんので、ちゃんと動いているのか確認するには、実際にLEDを光らせてみないと判りません。パソコンで行なうアプリの開発と違って、おかしな部分があっても教えてくれないのです。また、種類が膨大で、新しい機能を持ったPICもどんどん開発されており、目的に合ったPICを選択するのも一苦労です。さらに多機能であるため、一本のピンに2～3種類の機能が割り当てられているのが普通で、どのピンにどんな役割をさせるのか、プログラムで設定してあげる必要があります。じつは、このPICを選んだり設定をする、使い始める前の段階が非常に難解で、多くの方がプログラムを始める前に挫折してしまいます。そこで本書では、使用するPICを「PIC16F1827」と、「PIC12F1822」の2種類だけに限定します。どちらも最新のPICではありませんが、模型に組み込むことが目的ですから、主な仕事はLEDの制御であり、高度な機能は必要ありません。また、PICは使うチップが変わると設定も変えなくてはなりませんが、使用するチップを限定することで設定をテンプレート化できます。オールラウンドに使える設定の部分をプログラムの冒頭にコピー／ペーストすれば、すぐにプログラミングに取り掛かることができます。そんなに高度な機能は必要がなく、模型に組み込む事が目的だからこそ2種類に限定出来ると言えます。では、本書で扱う2種類のPICの特徴を見てみましょう。

PIC16F1827

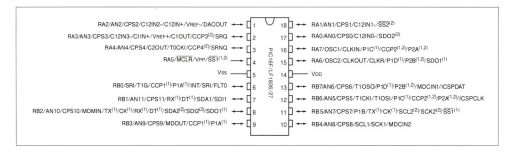

PIC16F1827は、18ピンのPICで、電源の2ピンを除けば16本の制御ピンが使えます。何やら記号の様な文字が並んでいますが、17番ピンから始まるRA0～RA7と、6番ピンから始まるRB0～RB7に注目して下さい。それぞれが制御するピンの名前となり、プログラムでもこの記号でピンを指定します。ゴチャゴチャと記号が書かれていますが、8個の入出力グループが2セットあるということです。これでは見通しが悪いので、必要な記号のみにしてみましょう。矢印の向きは、外部から入力するのか、外部へ出力するのか、選択できることを表しています。（注：VDDは電源の5V、VSSはマイナスを表しています）殆どはどちらにも設定できますが、4番ピン（RA5）は入力専用になっています。つまり、LEDを点灯させるといった、出力として使えるのは15個までで、スイッチのON/OFFを検知するなど入力にはすべての16個までということになります。

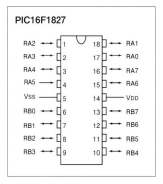

パッケージサイズ
W23mm× D8mm× H5.3mm

スペック
- プログラムメモリ:4キロワード
- データSRAM:384バイト
- EEPROM:256バイト
- 動作周波数:32MHz(MAX)
- 電源電圧:1.8V(16MHz MAX)〜 5.5V(32MHz MAX)
- I/O:最大16本
- ADコンバータ:10ビットx12ch
- コンパレータ:2ch
- タッチセンサ入力(CapSense):12ch
- タイマー:8ビットx4、16ビットx1

外観は、一般的なICの形をしています。SSOPパッケージ(表面実装用小型サイズ)という小型のものもありますが、ピンの間隔が非常に狭くて工作の難易度が高過ぎるため、お勧めしません。15個のLEDをひとつのPICで制御できるなら、大抵の電飾には充分でしょう。PICは元々、機器に組み込んで制御することが目的で開発されたもので、アナログ(温度やボリュームなど)入力ができるADコンバータや、電圧を比較するコンパレータ、タイマー機能など、およそ制御に必要な機能が詰まっています。模型の電飾にはデジタル出力(ONかOFF)があれば充分です。しかし、模型の内部の都合で、どうしても離れた場所にPICをもうひとつ設置してシンクロさせたい場合や、ひとつのピンでたくさんのLEDを同時に制御したい場合も出てくると思いますので、そのような場合の解決策も、後程ご紹介したいと思います。

PIC12F1822

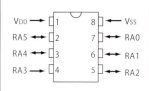

PIC12F1822

スペック
- プログラムメモリ:2Kワード
- RAM:128バイト
- EEPROM:256バイト
- ADC:10ビットx4ch
- タイマー:2ch(8ビットx1、16ビットx1)
- 動作周波数:32MHz MAX(電源電圧で変化)
- 動作電圧:1.8V(16MHz MAX)〜 5.5V(32MHz MAX)

電源の2ピンを除くと、5本のピンを制御ピンとして使えます。こんな小さなパッケージに、アナログ入力やタイマー機能も詰まっていますが、模型で活用するにはデジタル出力のみで使います。こちらは4番(RA3)が入力専用なので、出力としては5本までしか使えません。その代わり1cm程度の大きさなので、出力が5本で済む場合なら小さな模型に仕込む場合に大変助かります。しかも、表面実装型という、同等の機能でピンの間隔を半分にした5mm程度のSOPパッケージもあり、これなら手のひらサイズの模型にも内蔵させることが可能になります。PICは、ピンにRA0〜RA5といった名前が付けられており、プログラム内でもこの名前で制御します。例えば、

RA0 = 1;

とすれば、7番ピンに5Vが出てきます。
PICは5Vで動作しますが、どちらのPICも、動作する周波数を落とせば1.8〜2.0Vでも動作します。実質的にはLEDを光らせるための電圧が最低必要になりますが、赤・緑・黄色のLEDなら1.8Vでも光らせることが可能ですから、その気になれば乾電池でも制御できます。

通常のパッケージ
W9.3mm× D6.3mm× H5.3mm

SOPパッケージ
W4.9mm× D3.9mm× H1.8mm

01-2 開発に必要な機材

プログラムを組み、PICに書き込んで、模型に組み込むまでの流れを開発と呼びます。どんな機材が必要になるのか見てみましょう。ここでは、ある程度電子工作のための道具が揃っている事が前提です。

【パソコン】

プログラムはC言語を使い、パソコンで作成します。高性能なものは必要なく、USB端子を備えていて、WindowsならXP以上が快適に動く程度のスペックで充分です。Macでも多少古くても動作します。ただし、プログラミングはキーボード入力が主体になりますので、タブレットタイプのパソコンは避けましょう。この際、安くなった中古のパソコンをPIC専用に購入してもよろしいでしょう。

PICkit3

【PICライター】

PICにプログラムを書き込むための装置で、パソコンのUSB端子に接続して使用します。4〜5千円程で購入できます。各社からさまざまなライタが販売されており、自作することも可能ですが、トラブルの元となるので避けた方が無難でしょう。本書では、PICkit3を使用します。PICの製造元である、MicroChip社純正のPICライターです。

秋月電子通商のPickit対応
ICSP書き込みアダプターキット

マルツのDIPパッケージ・PICマイコン
プログラミング・アダプタキット【MPIC-DPPA】

【書き込みアダプタ】

PICkit3では、作成した基盤に書き込み用のコネクタを用意しておくことで、PICを取り付けてからも書き込みができるICSPという機能を持っています。そのため、pickit3には、PICを直接取り付ける部分がありません。大変便利な機能ですが、条件次第では回路に特別な工夫が必要になるので、初心者にはあまりお勧めしません。配線そのものは簡単なものなので、後述するブレッドボード上に配線すれば、とりあえず書き込みすることは可能ですが、これから初めて使う場合には不安要素となります。そこで、いちいちPICを差し替える手間はありますが、書き込み専用のアダプタボードを別途用意することをお勧めします。値段は2000円程です。また、SOPアダプタ（通称ゲタ）を使って、超小型のPICに書き込む場合にも活用できます。

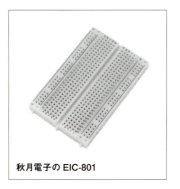
秋月電子のEIC-801

【ブレッドボード】
いきなり回路を製作してPICを挿し、動作テストをする訳ではありません。まずは試作してみて、動作を確認しながら調整を加え、大丈夫となったら模型に組み込む回路を製作します。試作段階で使用するのが、ブレッドボードです。ブレッドボードは、たくさんの穴が開いた板で、PICや電子パーツを挿してジャンプワイヤーで繋ぎ、回路の試作品を作ります。穴の内部で繋がっている部分があり、ハンダ付けしなくても結線できるので、回路を簡単に変更可能です。400穴程度の大きさで充分です。

【電源】
PICは、基本的に5Vの電圧で動作します。試作・実験の際に安定した専用の電源が必要です。これは実際に模型に組み込む時にも必要ですので、電源を自作する方法も後述します。開発の段階では、5VのACアダプタを用意しても良いですし、7805等のレギュレーターを使った回路をブレッドボード上に作っておいても構いません。ちなみに、著者はコンセントからUSB電源（5V）を取るアダプタを使っていますので、後程詳しくご紹介しましょう。

まとめ　開発に必要な機材

- パソコン ………………… 非力なものでも充分。Windows、Mac、Unixマシンに対応。
- PICライター …………… PICkit3がお勧め。4〜5千円
- 書込みアダプタ ……… 2千円
- ブレッドボード ………… 小型のもので充分。ジャンパーピンも揃えましょう。500円くらい
- 電源 ……………………… 自作する必要があります。（後述）

01-3

開発に必要なソフトウェア

開発の流れ

PICを使って、模型に組み込むまでの流れはこのようになります。

1 準備
- 模型のどこを光らせるかといった、PICで制御する部分の検討
- 回路図の作成、使用するPICの選択
- ブレッドボードに試作回路を製作

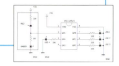

2 プログラミング
- MPLABIDEを使い、C言語でプログラミング
- コンパイル（ビルド）で実行プログラム「HEXファイル」を作る

3 書き込み
- ICライターでPICにHEXファイルを書き込む

4 動作確認
- ブレッドボードで再現してみて、プログラムや回路を修正

うまく動作するまでプログラムや回路を修正する

5 組み立て
- 実際に回路を基盤にハンダ付けして組み立てる

finish!

▲実際にPICにプログラムを書きこみ LED、電池をハンダつけして作った回路

14

【プログラム言語】

PICを使うためのプログラム言語は、アセンブラやC言語が使えますが、記号の羅列であるアセンブラに対し、英単語の組み合わせで理解しやすいC言語の方が、圧倒的に便利です。後からプログラムを見直してもすぐに読解できますし、エラー部分も発見しやすいです。結果として、開発の時間を大幅に短縮できます。MPLAB X IDEでは、プログラムを書くためのエディタが用意されていて、命令によって文字の色が変わったりしてくれる強力な編集機能が付いています。特別な理由がないかぎり、C言語でのプログラミングとなります。人間にとっては便利なC言語ですが、0と1で動作するPICにとっては、まったく理解できません。そこで、コンパイル（ビルド）という作業で、HEXファイルというPICの言葉に変換します。PICライターは、この実行プログラムをPICへと書き込む訳です。

【MPLAB X IDE】

PIC開発を統合的に管理してくれるのが、MPLAB X IDEというソフトです。MicroChip社のサイトから無償でダウンロードできます。MPLABシリーズは、以前からPICの開発環境として定着しており、MPLAB IDEとしてバージョンアップを重ねて来ましたが、現在ではMPLAB X IDEという環境に統一されています。こちらはWindowsパソコンだけでなく、MacやUnixパソコンでも同じ環境で使える様になっており、使うPICの種類によって最適化されたコンパイラが用意されています。開発の全体をプロジェクトで管理し、プログラムを編集するテキストエディタとデバッガ（動作の状態を解析してエラー箇所を見つける仕組み）、それにアセンブラというプログラミング言語がひとつに統合されています。（今回、アセンブラは使用しません）

【XC8コンパイラ】

プログラムは、C言語で作る事になりますが、MPLAB X IDEをインストールしただけでは、C言語は使えません。C言語が使えるようになり、PICが実行できるHEXファイルに変換してくれるコンパイラというプログラムが必要になります。使用するPICの種類に合わせて、下記の3種類の中から、別途ダウンロード（無償）する必要があります。

- ● `MPLAB XC8 PIC1//12/16/18` ──── 8ビットPIC用のC言語コンパイラ
- ○ `MPLAB XC16 PIC24/dsPIC` ──── 16ビットPIC用のC言語コンパイラ
- ○ `MPLAB XC32 PIC32` ──── 32ビットPIC用のC／C++言語コンパイラ

3種類がありますが、本書の目的である、模型に使用する用途であれば、**8ビットのPIC**で充分です。インストールすると、MPLAB X IDEに組み込まれて、統合環境のなかで使えるようになります。ほかのコンパイラもダウンロードして、MPLAB X IDEに共存させることも可能ですが、コンパイラは頻繁にバージョンアップしているので、本当に必要になった時にダウンロードした方がよろしいでしょう。

まとめ　開発に必要なソフトウェア

- ● 開発の流れ
- ● プログラム言語はC言語を使う。
- ● 統合開発環境としてMPLAB X IDEを使用する。
- ● C言語を使うためのXC8コンパイラを別途用意する。

01-4

ソフトウェアのインストール

MPLAB X IDEと、XC8コンパイラをインストールしましょう。どちらもMicroChipのWebサイトから、無料でダウンロードできます。画像は2017年6月のもので、今後表示内容が変更になるかも知れませんが、基本的な流れは変わりません。例として、Windows7でのインストールの様子をご紹介します。なお、インストールする際には、administrator（管理者）権限でログインしている必要があります。

（※編集部注：ここで紹介するMPLAB X IDEとXCコンパイラのインストール方法は一例です。Windowsマシン、Macintoshでもこまかいインストール方法は異なりますし、OSのバージョンなど個別のコンピュータの環境によっても動作が左右されます。紹介している方法が動作を保証するものではないことをご了承ください。詳しくはマイクロチップ・テクノロジー社のWebサイトをご覧ください。）

MPLAB X IDEのインストール

1 マイクロチップ・テクノロジー・ジャパンのホームページへアクセスします。

▶▶ www.microchip.co.jp

2 製品情報 → 開発ツール → MPLAB X IDEをクリックします。

下にあるDOWNLOADタグの中に、最新バージョンのMPLAB X IDEが表示されます。使用するOSに合わせて選択してクリック。

Windowsでダウンロード先をデスクトップにした場合、終了するとアイコンが表れます。どこにダウンロードされるのか、把握しておいて下さい。注意する点としては、インストール先のフォルダやファイル名には、日本語が使えません。これからプログラムをたくさん作りますので、ルートにフォルダを作っておくことをお勧めします。

C:\PIC
　 ┃_ Project
　　　 ┃_ プロジェクト名
　　　　　ソースファイル
　　　　　HEXファイル

できれば、アカウント名も半角英数に変えておいた方がよろしいでしょう。アイコンをダブルクリックして、インストーラを起動します。

5

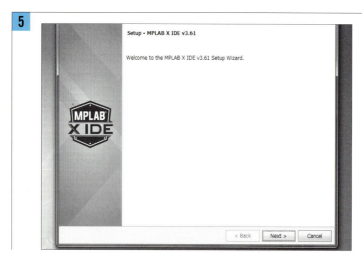

セキュリティ警告の後、ロゴマークが表示されて、ウェルカム表示となります。

6

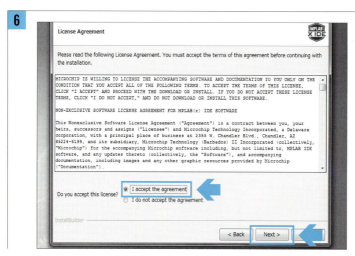

ライセンス承認となりますので、[I accept the agreement]をチェックしてNextをクリックします。

7

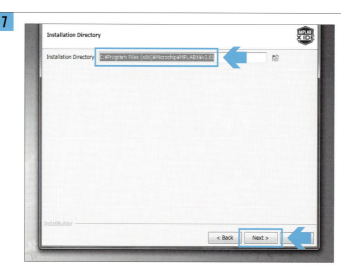

インストール先を指定します。特に問題が無ければ、そのままNextをクリックします。
インストール先に全角漢字が含まれているフォルダは使えませんので、注意して下さい。
また、OSが64bitでも、このままインストールして問題ありません。

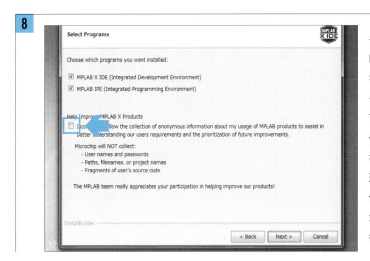

インストールするファイルを選択します。MPLAB IPEは、PIC書込みツールですので、チェックされたままにして下さい。その下の英文は、「MPLAB製品の使用に関する匿名情報の収集を許可し、ユーザーの要件の理解と将来の改善の優先順位付けを支援することに同意します」という内容です。協力しても良い場合はチェックします。

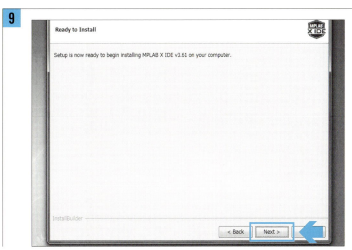

インストールの準備が出来ました。Nextでインストールが開始されます。

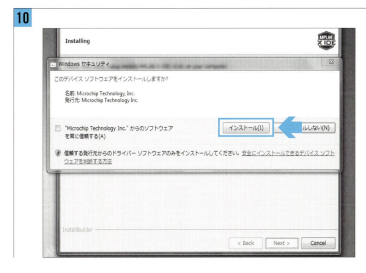

途中で、デバイスドライバのインストールが必要になる場合があります。インストールをクリックして下さい。

インストールが終了しました。コンパイラ等はインストールされていないという警告が出ますが、Finishをクリックして下さい。

XC8コンパイラのインストール

自動的にコンパイラのダウンロードページが開きます。開かなかった場合は、マイクロチップ・テクノロジー・ジャパンのWebサイトへ、もう一度アクセスして、製品情報→コンパイラと選択します。

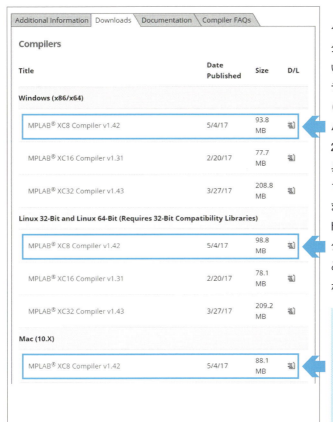

ページの下にある、Downloadタグをクリックします。使用しているOSに合ったXC8コンパイラを選択してください。現在（2018.12）最新のXC8コンパイラは2.0ですが、こちらは2018.10時点で、微細な不具合が発生します。Version 1.45以下の使用をお勧めします。ダウンロード先がデスクトップに指定してあれば、デスクトップにアイコンが現れます。どこにダウンロードされるのか、把握しておいてください。

本書では使用しているバージョンは
● MPLAB X IDE version 3.61
● XC8 Compiler version 1.42

旧バージョンは、以下のURLから入手可能です。
http://www.microchip.com/development-tools/pic-and-dspic-downloads-archive

インストールする前に、ディスプレイの設定を確認します。スタート→コントロールパネル→デスクトップのカスタマイズ→ディスプレイのテキストやそのほかの項目の大きさの変更と選択します。
OSがWindowsの場合、ここの設定が「小ー100％」になっていないと、インストールが途中で止まります。

インストーラーを起動します。セキュリティ警告の後、ロゴマークが表示され、ウェルカム表示になります。Nextをクリックします。

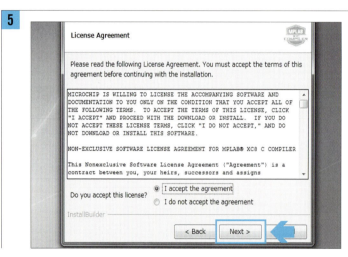

ライセンス承認となりますので、[I accept the agreement]をチェックしてNextをクリックします。

XC8コンパイラには、機能の高い有償版もありますが、ここではFreeを選択します。

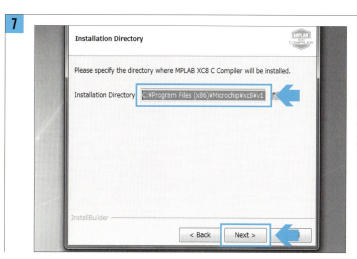

インストール先を指定します。とくに問題がなければ、そのままNextをクリックします。
インストール先に全角漢字が含まれているフォルダは使えませんので、注意して下さい。

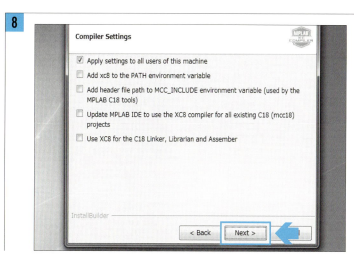

セッティングはデフォルトのままでOKです。

インストールの準備が出来ました。Nextでインストールが開始されます。

インストールが終了しました。ホストIDが表示されますが、Free版には必要ありません。Nextをクリックして終了します。

01-5

開発用機材の製作

PICkit3とブレッドボードがあれば、それだけでもPICへ書き込む事は可能ですが、ジャンパー線を繋ぎ変えたり、原因がよく判らないトラブルに巻き込まれたりする場合があります。開発するときは、余計な心配をせずにプログラムに専念したいものです。ここでは、準備しておくと便利な機材を幾つかご紹介します。

PIC書込みアダプタの製作

PICkit3は、電源の設定を見ても推測できますが、ICSP（基盤に実装してあるPICに書き込む）で使用するのが前提のようです。基盤に書込み用のコネクタを準備しておいて、そこへPICkit3を挿し、オンボードのままPICへ直接プログラムを書き込むのです。この方法では、回路として正常に動きつつ、書込みの際にも問題が起こらない回路を設計しておかなくてはなりません。電子工作に不慣れなモデラーにとって、トラブルの元となるのは容易に想像できます。そこで、PIC書込みアダプタの使用をお勧めします。これは、PICkit3に繋ぐコネクタを持った基盤で、PICを装着するソケットを搭載しています。PICは、このアダプタ上でプログラムを書き込み、自作した基盤（PIC用のソケットを装備しておく）へと移します。開発の段階では、何度もプログラムを修正しますので、ブレッドボードへ頻繁に抜き差しする事になりますが、無用なトラブルを避けることができます。ちなみに、ブレッドボードにコネクタを付けて、書き込みアダプタを自作してしまうことも可能ですが、こちらも配線の勘違いなどでトラブルの元になりますので、やはり専用アダプタの使用をお勧めします。

今回は、秋月電子通商のPIC書き込みアダプタを使用しました。完成品ではなくキットですので、ハンダ付けの練習にもなります。価格は2千円程ですが、将来的にもっと高機能でピンの数が多いPICを使いたいときにも対応できますし、バージョンアップもないのでずっと使えますので、コストパフォーマンスは良いと言えます。

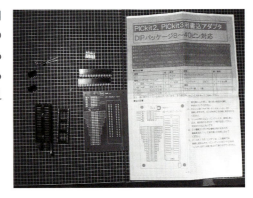

組み立てると、こんな外観となります。左上に、PICkit3と接続するピンがあります。中央上下にあるコネクタは、使用するPICに合わせてジャンパー線で配線する部分です。右の大きなソケットは、ゼロプレッシャーソケットになっていて、レバーを上げてPICを挿し、レバーを下げると固定される、PICのピンを痛めない設計になっています。使用するPICにあわせてジャンパーピンを繋いで使用しますが、どう繋ぐかは付属のマニュアルを参照してください。

PICkit3とは、接続したままの方が使いやすいので、筆者は100円ショップのケースに組み込んでしまいました。書き込みアダプタは、2mmのプラ板を2枚重ねて4mm浮かせてあげるとpickit3のコネクタと高さがピッタリ合います。ついでに、ブレッドボードも装着してしまって、開発のための機器をひとつにまとめて使っています。書き込みアダプタは、PICの種類が変わると、ジャンパーピンを差替える必要がありますが、マニュアルを見ながら繋ぎ替えるのは大変面倒ですし、接続ミスが発生しやすいところです。そこで、予め接続するピンを繋いでしまったソケット基盤を製作しておく事をお勧めします。

左は18ピンのPIC16F1827用のソケットで、右のPIC12F1822用と、ジャンパー接続を配線してしまっています。これを差し替えるだけで、煩わしいジャンパーピンの差し替えが一発で終了になるばかりか、接続ミス等のトラブルからも解放されます。

また、ブレッドボードで使う小さな電子部品は、100円ショップの小物ケースに収納しておきましょう。大体いつも使うパーツは同じですので、種類毎に分別しておくだけで、使い勝手が大きく向上します。

極小PICを使う場合には

11ページでも触れましたが、PIC12F1822はSOPという特殊なパッケージがあります。通常のICのような形状と違って、5mm程度の大きさで、厚みも2mm程しかありませんので、ハンダ付けは大変ですが、小さな模型にも内蔵させることが可能になります。小さくても性能は通常サイズのものとまったく同じですので、開発は通常サイズで行ない、プログラムが完成したらSOPサイズに書き込んで使います。ICソケットは使用せず抵抗などのパーツは、直接ハンダ付けします。

PIC12F1822SOP パッケージ

足のサイズや間隔が全く違いますので、プログラムを書き込むには、特殊な変換アダプタを使います。通称「ゲタ」と呼ばれているもので、価格は1800円ほどです。

PICプログラマ書き込みアダプタ SOP
(8/14/16ピン)

プログラムを書き込む際は、このアダプタの中にPIC12F1822をセットし、通常版と同様に書き込みます。将来、ほかのSOPパッケージのPICを使うことになっても同様に書き込むことが可能でしょう。
変わってPIC16F1827の小型版には、SOPより足の間隔が狭いSSOPというパッケージしか無いので困ってしまいます。SSOPになると足の間隔が極端に

狭くなり、ハンダ付けがとても難しくなるばかりか、なぜか足が20ピンになるので配置が変わり、変換アダプタがそのまま使えません。とくに、足の間隔が狭すぎるのは深刻な問題で、電子工作の熟練者でも綺麗にハンダ付けするのは難しいでしょう。でも、どうしても出力ピンがたくさんほしくて、サイズも小さくしたい場合が出てくるかも知れません。解決策としてPIC16F648Aで代替する方法をご紹介致します。

PIC16F628Aは、足のレイアウトはPIC16F1827とまったく同じですが、データ容量が少々小さいです。動作クロックも4MHzまで（外部から与えても20MHzまで）であり、その上書き込みにはゲタSOP28(18/20/28ピン)が別途必要です。その代わり、PIC16F1827と同じ足数を持ち、SOP(1.27mm間隔)の足（それでも難しいですが）にハンダ付け出来ますので、お役に立つことがあるかも

知れません。新規プロジェクトでは、使用するPICにPIC16F648Aを選択するだけで、他はPIC16F1827と同じ設定にして下さい。テンプレートはPIC16F1827のものは使えませんので、下記の内容でテンプレートを別に作成する必要があります。テンプレートの作成方法や活用法は03.活用編で詳しくご紹介します。

```
// PIC16F648A Configration Bit Settings

// CONFIG1
#pragma config FOSC = INTOSCIO
#pragma config WDTE = OFF
#pragma config PWRTE = ON
#pragma config MCLRE = OFF
#pragma config BOREN = OFF
```

```c
#pragma config LVP = OFF
#pragma config CPD = OFF
#pragma config CP = OFF

#include <xc.h>
#define _XTAL_FREQ 4000000

void main(void) {

    TRISA = 0b00100000;      // RA5だけ入力その他は出力
    TRISB = 0b00000000;

    PORTA=0;                 // 出力ピンの初期化(全てLOWにする)
    PORTB=0;

    while(1){

        //ここにプログラムを書きます

    } //End of while

} //End of main
```

テスト用電源の製作

ブレッドボードで動作テストを行なうのですが、PICは基本的に5Vで動作するマイコンですので、安定した5Vの電源が必要です。PICkit3のソケットに5Vの電源が来ていますが、ここから取り出す方法はお勧めできません。ブレッドボードで動作テストする時や、実際に模型に組み込んだ時にもテストできる5Vの電源を別途作っておきましょう。電源を作ると言っても、特別な回路を作る必要はありません。100円ショップで入手できるアイテムを利用して作ることができます。

左は100VからUSB電源に変換してくれるアダプタで、本来はスマートフォンの充電用ですが、5V1Aの電源が取り出せます。右は一般的なUSBケーブルで、部屋の中で実験用に使うなら1mの長さがあれば充分でしょう。ここでは黒色のケーブルを用意しましたが、5V電源である事を判り易くするため、色を変えておくのも良いでしょう。USBケーブルは、ブレッドボードで使うために加工が必要です。MicroUSBの方を切断します。

2

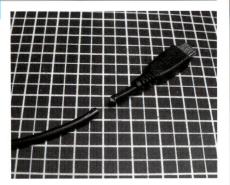

中の配線をキズ付けないようにビニール被覆を剥いて、配線を段違いにカットしました。通信も可能なケーブルなら、配線は4本あります。大抵は赤が5Vで黒がマイナスですが、例外もありますので、LEDを繋いで確認しましょう。

3

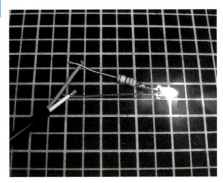

この電線は5Vが灰色で、マイナスは白色でした。テスターがあれば確実ですが、無い場合は330Ωの抵抗をハンダ付けしたLEDで確認できます。不要な線は根元からカットしておきます。

4

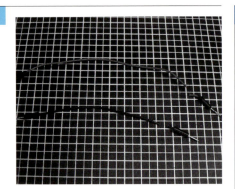

ジャンパー線の片側を切断して、ブレッドボードへ差し込める端子を作ります。

5

長めの熱収縮チューブを通してから、段違いのままハンダ付けします。先端の長さも違っているので、誤ってショートする危険を防げます。プラス・マイナスを間違えないように注意!

熱収縮チューブを被せて収縮させます。ハンダ付けした部分全体に被せて、何度も曲げても耐えられる強度を付けてあげます。

6

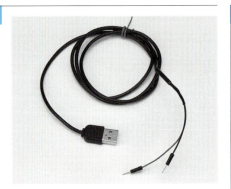

USBからの電源の完成です

7

ブレッドボードだけで使うなら、これで完成ですが、模型に組み込んでからも使えると便利です。2Pのソケットとワニ口クリップを製作しておくと、ちょっと動作を確認したい時に助かります。クリップもショートしない様に、長さを変えて揃わないように工夫しておきましょう。

02

BASIC

基礎編

C言語の書式やデータ形式にはルールがあり、それを守って記述する必要がある。ここでは、プログラムを書くための決まりや文法、代表的な命令の書き方を学習する。

02-1 C言語とは

02-2 変数
- 扱える数値
- データ型
- 変数の名前
- 初期化の方法

02-3 基本的な命令
- プログラムの構造と文法
- 演算子
- 条件分岐
- ループ(for・while・break)
- 関数(サブルーチン)
- 乱数 rand()
- Delay()

02-1

C言語とは

PICなどのコンピュータでは、0と1だけのデジタル信号で処理を行ないます。それをある程度まとめて、16進数で表したのがマシン語と呼ばれるもので、コンピュータにとって、いちばん判りやすい言語です。でも、人間にとってはチンプンカンプンですね。そこで、多くのプログラム言語では、人間に判りやすい英単語や記号、数字を使って命令や処理の流れを記述します。その書き方や法則の違いで、さまざまなプログラム言語があり、C言語もそのひとつです。しかしC言語で書かれたプログラムは、PICには理解できませんので、マシン語に変換する作業が必要になります。この作業をコンパイルやビルドと呼びます。

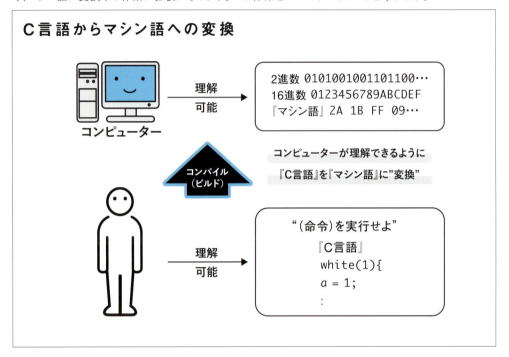

C言語からマシン語に変換されたプログラムをPICへ書き込むことで、やっと動作することができます。MPLAB X IDEと、XC8コンパイラ、それにPICkit3の組み合わせで、C言語によるプログラミング、コンパイル、そしてPICへの書き込みまで、すべて実行できる環境が揃います。コンパイルや書き込みは、MPLAB X IDEがやってくれるので、我々はC言語の使い方をマスターすれば大丈夫です。

普段馴染みのない、ちょっと難解な内容になるかも知れませんが、実際にプログラミングしてみると、何となくわかってきます。すべて覚える必要はありません。あまり難しく考えず、まずは使って馴れる気持ちで取り組みましょう。また、本書では、模型を電飾するために必要な情報のみに絞り込んでいます。C言語には、もっと高度な処理ができる命令がたくさんあるのですが、本書では模型を電飾するのが目的ですので、習得や理解に時間が掛かりそうな命令は、あえてご紹介しておりません。本書に書かれていることを理解していれば、きっとスムーズにステップアップできるはずです。

02-2

変数

プログラムでは、変数という名前を付けて数値を管理します。
`A = 10;` とすれば、Aは10という数値になります。(代入といいます)
`B = A + 1;` とすれば、B = 10 + 1と同じことになり、Bは11という数値になります。メモリのなかにAという箱があり、そこに10という数値が入っているイメージです。箱の大きさは、予め決めておかなくてはなりません。BASICというプログラム言語の場合は、A = 10とすれば自動的にAという変数が用意されましたが、C言語では使用する変数の名前とデータ型を明確に宣言して、メモリ領域(箱)を確保する必要があります。データ型というのは、数字なのか文字列なのか、どのくらい大きな数値を扱うのか、箱の大きさを宣言するものです。よくデータ型を間違えて、箱からはみ出してしまう(オーバーフロー)間違いをしてしまうので、データ型の宣言には注意してください。

また、C言語ではすべて関数という考え方で構築されており、じつは main{ } も関数のひとつです。関数というのは、数値を渡して結果が帰ってくる、命令や処理をひとかたまりにしたものです。変数も関数のなかでしか扱えないローカル変数と、どの関数でも共通して扱えるグローバル変数があり、どこで宣言するかによってタイプが別れます。ちょっと複雑なので、図にしてみましょう。

```
int c;
main{
    int a;
}

関数{
    int b;
}
```

ローカル変数とグローバル変数

■ `main{}` の外で宣言した変数cは、グローバル変数となり、プログラムのどこでも使える変数

■ `main{}` のなかで宣言したaは、`main{}` のなかだけで有効なローカル変数

■ 関数`{}` のなかで宣言したbは、関数`{}` のなかだけで有効なローカル変数

関数のなかで int a; と宣言しても、別の変数として区別される。変数cは、どこでも同じ値を持ち、二重には宣言できない。

扱える数値

プログラムでは、数値を入れておくための箱を準備しておく必要があると説明しました。どんな数値を扱い、どんな宣言をしなくてはならないのか見てみましょう。

10進数	16進数	2進数
0	0x00	0b0000
1	0x01	0b0001
2	0x02	0b0010
3	0x03	0b0011
4	0x04	0b0100
5	0x05	0b0101
6	0x06	0b0110
7	0x07	0b0111
8	0x08	0b1000
9	0x09	0b1001
10	0x0A	0b1010
11	0x0B	0b1011
12	0x0C	0b1100
13	0x0D	0b1101
14	0x0E	0b1110
15	0x0F	0b1111

0xで始まる数値は16進数(hex)
0bで始まる数値は2進数(binary)

C言語で使われる数値

C言語で扱う数値は、我々が日常的に使っている10進法のほか、16進数や2進数をよく使います。10進数は9の次は10となり、桁が上がりますが、16進数は15の次で桁が上がり、2進数に至っては1の次は10と桁が上がります。16進数では、0、1、2、3、4、5、6、7、8、9、A、B、C、D、E、Fと、10以上はアルファベットで表記します。人間にはあまり馴染みがない数え方ですが、16進数や2進数は、コンピューターにとって判りやすい表現であり、プログラムでは頻繁に取り扱います。

データ型

データ型とは、数値を格納する箱の種類です。(1バイトは8ビットです)箱の大きさ(最大値)は、コンパイラによって数値が微妙に違う場合がありますので、目安と思ってください。関数内でのみ有効とするstaticなどほかにも種類がありますが、使用頻度は低いので割愛します。本書では、何も型を宣言しないvoidという宣言があることだけ判っていれば充分です。なお、型が違う数値で演算を行なうと、結果はバイト数の大きな数値に合わせてから計算されます。また、扱える数値がオーバーした場合(桁あふれ)、はみ出した分は切り取られてしまい、予期しない結果となりますので、宣言の間違いには気を付けましょう。PICはエラーが発生しても、表示したり停止したりしてくれません。

型	サイズ	範囲	unsignedを付けた場合
char	1バイト	−128〜127の数値または1文字	0〜255の数値
short	2バイト	−32,768〜32,767	0〜65535
int	2バイト	−32,768〜32,767	0〜65535
long	4バイト	−2,147,483,648〜2,147,483,647	0〜4294967295
flort	4バイト	±10の−38乗〜±10の38乗	-
double	8バイト	±10の−308乗〜±10の308乗	-

マイナスを使用しないなら、unsignedで宣言することで扱える範囲が倍になります。PICで使用するのは、主に「char」と「int」で間に合います。

```
char a;             1バイトでaという変数を宣言
unsigned int a;     0〜65535まで使えるaを宣言
```

変数の名前

変数に使用できる名前には、ルールがあります。
- アルファベットと数字、それに「_」アンダーバーのみです。(/*+-()#$%&等の記号は使えません
- 数字から始まる名前は使えません。(○abc123 ×123abc)
- 大文字と小文字は区別されます(a=1 と A=1は別の変数)
- 長い名前を付けても、メモリの消費量は変わりません。判りやすい名前にしましょう
- 予め予約されている文字や命令名は使えません(RA0、whileなど)

初期化の方法

初めに使用する変数を宣言する事を初期化といいます。

```
int a;             初期化の書式
```

- 初期化は、{ }内の先頭部分で行なわなくてはなりません

```
main(void){
    int a=1;       この位置で行う
この位置からプログラムを記述
}
```

- 同じデータ型なら、一度に宣言できます(int a,b;)
- 宣言と同時に、数値を代入する事も可能です(unsigned int a=1, b=2;)
- ほかの変数の値を代入する事も可能です(char a=b; int a=b+1;)

02-3

基本的な命令

ここでは、C言語の基本的な命令の種類と使い方を学習しますが、プログラミングの世界は広大で、様々なテクニックが存在します。ちょっと書き方を変えるだけでサイズを小さくできたり、処理速度を速めたりすることも可能です。また、本書で説明していない命令を使うことで、もっともっとPICを活用することが可能でしょう。本書では、できるだけ簡単に模型を電飾することを目的にしていますので、そのために必要な命令のみに限って説明します。

プログラムの構造と文法

C言語でプログラムを書くには、ある程度決まった流れがあります。ワードの意味や使い方は後程説明しますので、まずは全体の流れをイメージして下さい。

```
/*
○×のエンジンを光らせるプログラム
20xx.xx.xx DorobouHige  ──── プログラムの名前や作成日、どんな動作をさせる
16F1827 XC8                   プログラムなのか後から参照しても判るように、
*/                            記録を残しておきましょう。

// config
pragma xx = xx  ──────────── 初期設定のコンフィグ（自動生成されたもの）
....

#include <xc.h>  ──────────── インクルードやデファインの追加設定
#define xxxx

void main(void){  ─────────── main でプログラムが始まります。
                              void は何も指定しないという意味です。

OSCCON = xxxxxxxx;
TRISA  = xxxxxxxx;  ────────── PICの動作モードの設定をします。
....

int hensu1 = 0;
unsigned char FUGOU = 1;  ──── 変数を宣言します。

        while(1){  ─────────── whileは{ }で囲まれた中をループする命令です。
                               条件が1なので、無限ループです。

プログラム本体
←インデント→ hensu1 = 10;  ──── プログラムはTABキーでインデント（段差）を付ける
                               事で見やすく書きます。

        } // while の終わり
} // main の終わり  ─────────── mainとwhileは、必ず}で閉じます。
```

【書き方に関する注意点】

- 命令は小文字で書きます
- 最後にセミコロン「;」を付けます
- `main{ }`も関数なので、本来は最後に`return x`が必要ですが、省略しても結構です
- プログラム本体は`while{ }`のなかで無限ループとなる様にします
- 処理のブロック毎にインデント（Tabキー）を入れて、見やすく配慮しましょう

【コメントについて】

プログラムを書いていて、メモを残しておきたい場合があります。//と書くと、それ以降改行するまで自由にコメントを残すことができます。

`a = 1;//コメント` ── //以降、改行するまで自由にコメント可能

たくさんのコメントで、複数行になる場合は、/*から始まり/*で閉じるまでの間、全てコメントにする事ができます。

```
/* ここからコメント〜
   〜コメント終了
*/
```
── /*から*/までの間、全てコメントにすることが可能

コメントは、どんなに書いてもプログラムサイズに影響しません。自分で組んだプログラムでも、数ヶ月も経てば忘れています。後から見直した時に判りやすいように、コメントはこまめに残しましょう。

演算子

C言語では計算するための四則演算のほか、ビット操作や比較するための記号があります。体系別に見てみましょう。記号ばかりで、ちょっと覚えにくいですが、無理に覚える必要はありません。使っていくうちに覚えていくので、必要な時にこの表を参照して下さい。

算術演算子

記号	書式	結果
+	a+b	aにbを加える
−	a−b	aからbを引く
*	a*b	aにbをかける
/	a/b	aをbで割る
%	a%b	aをbで割った余り
( )	(a+b)*c	計算の優先順位

インクリメント・デクリメント演算子

記号	書式	結果
++	a++	aに1を足す
--	a--	aから1を引く

比較演算子（if文等で、比較判断する時に使用）

記号	書式	結果
>	a> b	aがbより大きい
>=	a>=b	aがbより等しいか大きい
<	a< b	aがbより小さい
<=	a<=b	aがbより等しいか小さい
==	a==b	aとbが等しい
!=	a!=b	aとbが等しくない

論理演算子（複数の条件で判断する時に使用）

記号	書式	結果
&&	(a>0&&b>0)	AND a>0でb>0
| |	(a>0||b>0)	OR a>0またはb>0
!	(!a)	NOT aが0である

ビット演算子（a = 0x00001001 b = 0x00010001 とした時）

記号	書式	結果
>>	a>>1	右へシフト aは 0x00000100
<<	a<<1	左へシフト aは 0x00010010
&	a&b	AND 両方が1なら1 0x00000001
|	a|b	OR どちらか1なら1 0x00011001
^	a^b	XOR 両方異なるなら1 0x00011000
~	~a	ビットを反転する 0x11110110

ビット操作の応用
nビット目を取り出す c = (a>>n)&1
nビット目が0か調べる if(a&(1<<n)){
nビットだけ1にする a|(1<<n)
nビットだけ0にする a&= ~(1<<n)
PORTA、PORTB等の出力端子も8ビットなので、
>>でシフトさせて点灯しているLEDを移動させたり、
特定のLEDだけ点滅させたりする事が簡単に出来ます。

【算術演算子 〜普通の計算式の書き方〜】

C言語では、一般的な計算の法則で演算が行なわれ、()内が優先されるのも、そのまま適用されます。

足し算(＋)引き算(−)乗算(＊)割り算(／)の例

a = 10 + 5 ; ——————— aは15になります

a = 10 − 5 ; ——————— aは5になります

a = 10 ＊ 5 ; ——————— aは50になります

a = 10 ／ 5 ; ——————— aは2になります

a = 1 + 5 ＊ 2 ; ——————— 5＊2が先に計算されて、aは20になります

a = (10 + 5) ＊ 2 ; ——————— 10+5が先に計算されて、aは30になります

a = 10 ％ 3 ; ——————— 特殊な計算として、割り算の余りを返す(％)があります
10÷3＝3…余り1 aは1になります

【インクリメント/デクリメント 〜 i++とi-- 〜】

プログラムでは、変数を1増やす/減らす場合がよくあります。a=a+1;という式で、aに1を足した値をaに代入することです。頻繁に使うので、C言語では特別な書き方が用意されており、1増やす場合をa++;と記述します。1ずつ減らしたい場合は、a--;と記述します。ちなみに、++a;--a;と、逆に書いた場合は挙動が違ってきますが、あまり使用しない書き方なので覚えなくても差し支えありません。1以外で、例えば2ずつ増やしたい場合は、a+=2;と記述することもできますが、これは主に後述するループで使用する書き方で、後から見た時わかりやすくするには、a=a+2;と書いた方が、直感的にわかりやすいでしょう。

【ビット演算子 〜 2進数の計算 〜】

PICでは、入出力端子はRA0〜RA7、RB0〜RB7と、8個がセットで1ポートになっています。本書ではすべてデジタル入出力に設定するので、それぞれの端子は0か1の状態(ビット)を持ちますが、それを2進数で表すとPORTA = 0b00000000;と、8個のビットで表記する事が出来ます。(最初の0bは2進数で表すための印で、0xで始まると16進数での記述となります)この2進数のまま演算すると、非常に高速で、メモリも使わずに計算することができます。高度なプログラムでは多用されるテクニックですが、模型を電飾するにはそこまでの知識は必要ないでしょう。ビット演算子を使わなくても通常のコマンドで大抵のことができます。ヘンテコな記号の羅列でおもしろい結果が得られて、ビット演算子を使えるようになると、プログラミングが大変楽しくなってきます。

02-4

条件分岐

条件分岐 ～ if switch ～

プログラムは上から書かれた順番で処理されていきます。でも、条件によって別の処理をさせたい場合がありますよね。C言語では、ifとswitchという命令で処理を分岐させることができます。

if文

最も単純な使い方で見てみましょう。条件には、演算子の比較演算子の記号を使います。

```
if( a>0 ){
    RA0 = 1;
}
```

もし、aが0より大きかったら、RA0を1にします。aが0だったり、0より小さい場合は何もしないで } の後の処理へ移ります。この様に、ifの後に()で分岐の条件を指定して、その条件が満たされたなら{}内の処理を実行します。間違えやすいのが、条件をイコールで判定する場合、if(a==0){としなければならないところを、if(a=0){としてしまうミスがあります。この場合、worningしか表示されず（a=0が代入と判断されてしまう）、コンパイルは通ってしまいますので注意して下さい。

更に、else（エリス）を使うと条件に満たない場合の処理を加えられます。

```
if( a>0 ){
    RA0 = 1;
    }
    else{
    RA1 = 1;
    }
}
```

この場合は、aが0より大きい時はRA0が1になり、それ以外の場合はRA1が1になります。もし、aが0以下だったら、RA0は1にならず、RA1だけ1になります。

更に、else ifを使って、更に分岐条件を入れる事が出来ます。（ネストといいます）

```
if( 条件式1 ){
        条件式1が満足されたとき実行される命令
    }else if( 条件式2 ){
        条件式1が満たされず、条件式2は満たされるとき実行される命令
    }else{
        どちらの条件も満足出来ないとき実行される命令
}
```

最後のelse{}は条件次第では無くても構いません。これを上手く使うと、様々な条件で別々の処理を行う事ができます。例えば、↗

```
if(a>=50){
        aが50以上の時の処理
    }else if(a>=20){
        aが49以下で20以上の処理
    }else{
        aが19以下の処理
}
```

プロでさえ、if文の条件で勘違いしてしまい、何日も悩んでいたなんてことが実際にあります。間違いないと思っていても、落ち着いてじっくりと考えるクセを身に付けましょう。また、たくさんネストする程、後から見て混乱しますので、論理演算子を使ったほうが直感的にわかりやすくなる場合が多いです。段々慣れてくると、こちらのほうがわかりやすい記述になります。例えば、

```
if( a>0 && a<=2 ){
    RA0 = 1;
}
```

この場合はaが0より大きくて、2か、2よりも小さい時だけRA0を1にします。つまり、aが1と2の時だけですね。

論理演算子の例

AND	両方の条件を満たす	a>0 && a<5	aが1〜4の範囲
OR	どちらかの条件を満たす	a<5 || a==7	aが5より小さいかaが7の時
NOT	条件を満たしていない	a!=5	aが5ではない

この様な論理演算子は、C言語ではよく使われますので、覚えておいたほうが良いでしょう。このように、if文は柔軟に分岐条件が設定できますが、値が整数なら別の命令文switch文で簡潔に済ませることが可能です。

条件分岐 〜switch case〜

```
switch( a ){
    case 0:
        RA0 = 1;
        RA1 = 0;
        break;
    case 1:
        RA0 = 1;
        RA1 = 1;
        break;
    case 2:
        RA0 = 0;
        RA1 = 1;
        break;
    default:
        RA0 = 0;
        RA1 = 0;
        break;
}
```

aの値によって、処理する内容を振り分けることができます。値は整数でなくてはなりません。case値:の最後はコロン「:」を付けます。break;で}の次の処理へ飛びます。break;が無いと次の処理へ続きます。どの条件にも満たない場合は、default:の内容が処理されます。if文に比べると、とても見通しが良くなりますが、プログラムが長くなるし、整数しか使えないため、普段はif文で条件分岐させ、ここぞ！　という時に使うのがよろしいかと思います。

ループ (for・while・break)

プログラムで同じ処理を何度も繰り返す場合、ループという処理をします。
forとwhileという命令で行います。

for（フォー）文

条件が満たされている間、{ }の中を繰り返し実行します。このような書き方で使用します。

```
           ── for文で使う変数も宣言されて
              いなくてはなりません
int i;
for( i=0; i<10; i++ ){
     a ++;
}    初期化; 条件; 増分
     繰り返される処理
```

この例では、iが0からスタートし、iが1ずつ増えて行きつつa++が繰り返し実行され、iが10になったら終了します。増分i++は、i+=2とすると2ずつ増えます。

```
fot( i=0; i<10; i++ ){ } ────── iが0から10になるまでiを1ずつ増加させる
for( i=10; i>0; i-- ){ } ────── iが10から0になるまでiを1ずつ減少させる
for( i=0; i<10; i+=2 ){ } ───── iが0から10になるまでiを2ずつ増加させる
```

for文を重ねて（ネスト）使う事もあります。

```
int i,j,a;
for( i=0; i<10; i++ ){
    for( j=0; j<10; j++ )
    {
        a++;
    }
}
```

while（ホワイル）文

ループにはfor文のほかにwhile文も用意されています。for同様に条件が満たされている間{ }の中を繰り返しますが、ループのための変数を持っていません。

```
a = 0;
while(a<10){
    a++;       ← 条件
}              ← 繰り返される処理
```

結果は先程のfor文と同じですが、whileの場合はループの条件判断を先頭で行なっています。もしaが10以下だったら、一度もループ処理が行なわれず、{ }を抜けます。条件には、論理演算子も使えます。

```
while(a<10 && b==5){    ──── aが10以下で、bが5の場合のみ
while(a!=0){            ──── aが0でない時
```

最後で条件判断を行いたい場合には、do～while文を使います。

```
do{
    繰り返される処理
}while( a<10 );
         ↑
    セミコロンが必要です
```

こちらは、最低でも1回は処理が行われますが、使用頻度は低い命令です。なお、テンプレートのwhile(1){ }も、同じwhile文です。条件として1（C言語では0が偽で、それ以外は真（条件OK）なのです）が入っているので、永遠に抜けないループになっています（無限ループ）。

break文

switch文で使用したbreak;ですが、ループを抜ける時にも使用できます。for文からでもwhile文からでも強制的に抜けることが可能です。

```
for( i=0; i<10; i++){
    if( i==5){
        break;
    }
}
```

この例では、iが5になった時breakが実行され、10になる前にループを抜けます。時として便利なbreakですが、うっかりメインで使っているwhile{ }から抜けてしまうと、プログラムが終了してしまいますのでご注意を。

関数（サブルーチン）

数値を渡すと結果が帰ってくる、サブルーチンを、関数といいます。同じ処理を何度も行ないたい場合には、関数を作って利用することができます。電飾する用途では使用頻度は低いと思われますが、C言語の核心とも言える仕組みなので、簡単にご紹介しておきましょう。

例えば、このようなプログラムがあるとします。

```
int a,i;
a = 5;
for(i=0; i<a; i++){
    RA1 = 1;
    __delay_ms(500);
    RA1 = 0;
    __delay_ms(500);
}
a = 10;
for(i = 0; i<a; i++){
    RA1 = 1;
    __delay_ms(500);
    RA1 = 0;
    __delay_ms(500);
}
```

変数aの回数（5回と10回）だけ、0.5秒間隔でRA1をON/OFFするプログラムです。ここで、for文の中が全く同じだということに気付きますね。何度も同じ処理をするなら、これを関数にしてしまいましょう。

関数の書き方

関数には、好きな名前を付けて数値（ひきすう）を引き渡すことができます。戻ってくるとき、数値を受け取ることも可能です。

```
戻り値の型　関数名(引数1の型, 引数2の型…);
void main(void){
    引数の型 引数1;
    引数の型 引数2;
    メインのプログラム
    関数名(引数1, 引数2…);
}
```

main{}の前に
プロトタイプ（書式）宣言

使用する変数を宣言

ここで関数を
呼び出しています。

```
戻り値の型 関数名(引数の型 引数1, 引数の型 引数2…)
{
        処理を行うプログラム
        return 戻り値;
}
```
— mainの外に関数の本体を書きます

— 戻り値は無くても構いません。

先程のプログラムを関数に置き換えてみます。

```
void TENMETU(int a);
```
— 関数TENMETUのプロトタイプ宣言
戻り値が無いのでvoid(何もしない)型で宣言

```
int i;
void main(void){
        //メインのプログラム
        a=5;
        TENMETU(a);
        a=10;
        TENMETU(a);
}
```
— main{ }の外で変数を宣言することで、グローバル変数となり、どの関数でも使用できます。

— ここで関数TENMETUを呼び出しています。

— mainはここで終了しています。

```
void TENMETU(int a)
{
        for(i=0; i<a; i++){
                RA1 = 1;
                __delay_ms(500);
                RA1 = 0;
                __delay_ms(500);
        }
}
```
— 関数TENMETUの本体。main{ }の外です。

— 受け取ったaの値で処理を行います

— この関数には戻り値が無いので、returnはありません

この例では、元々より長くなってしまいましたが、もしこれが10数回呼び出されるとしたらどうでしょう？だいぶ簡潔になりますね。関数は使い方がちょっと難しいのですが、使い方さえマスターすればとても便利な仕組みだといえます。

引数のある関数の例

もう少し、今度は引数がある関数の例を見てみます。ふたつの数字を受け取り、足した値を返す関数です。

```
int KANSU(int e, int f);        ——— 関数のプロトタイプ宣言

void main(void){
    int b;
    int c;
    int d;

    b = 1;
    c = 2;
    d = KANSU(b,c);             ——— KANSUを呼び出しました dには1+2=3が代入されます。

    b = 2;
    c = 3;
    d = KANSU(b,c);             ——— KANSUを呼び出しました dには2+3=5が代入されます。
}

int KANSU(int e, int f){        ——— 関数KANSUの本体です。
    int g;                      ——— gは、KANSU{ }の中だけで有効なローカル変数
    g = e + f;                  ——— 受け取ったeとfを元に、gを計算しました
return g;                       ——— 戻り値としてgを引き渡します。
}
```

通常はwhileで無限ループになっているので、呼び出される以外に関数まで処理が進むことはありません。引き渡したり、受け取る変数の名前は同じでなくても構いません（どちらもローカル変数で別物です）引数のデータ型が合っていない場合は、関数側で定義したデータ型に変換されます。

乱数 rand()

模型の電飾では、不安定なタイミングがほしい場合があります。炎のゆらぎだったり、レーザー砲をランダムに発射させたりする場合です。C言語ではランダムな数値(乱数)を発生させる機能を追加することが可能です。ただし、計算で作られた数値なので、完全なランダム値ではなく、起動するたびに同じランダムさとなります。また、大きなライブラリを読み込む必要があり、メモリを圧迫しますので注意が必要です。初期設定のテンプレートに記述しておけばいつでも使えるのですが、メモリ節約のために使いたい時だけ記述するようにしましょう。

乱数を使うには、インクルードファイルの読み込みが必要です。後述するテンプレートの中で、
`#include <xc.h>` の次行に、
`#include <stdlib.h>` を追記して下さい。(スタンダードライブラリヘッダの意味です)

後は、プログラム中で
`a = rand();` とすれば、0～32767のランダムな整数がaに代入されます。でも、こんな大きな範囲の数字ではなく、普通は1～10までといった狭い範囲でランダムな数値がほしいですよね。

その場合は、
`a = ( rand() % 10 ) + 1;` とします。
%は演算子の算術演算子にあった、割り算の余りを返す演算子です。発生したランダムな数字を10で割った余りなので、どんな数値も0～9の範囲になります。それに1をプラスしていますので、aには1～10のランダムな整数が代入されます。なお、変数aを宣言する時、メモリの節約にと`unsigned char`や、`unsigned int`等で宣言すると、373 worningエラーとなります。randに代入する変数を宣言する時は、intかshortで宣言して下さい。

Delay()

指定した時間、何もしないで待つ命令で、プログラムではよく利用されます。後述するテンプレートで指定されている、`#define _XTAL_FREQ 8000000 (8MHz動作の場合)` の記述が無いとエラーとなります。ここで指定する周波数は、PICの動作周波数と同じでなくてはなりません。

`__delay_ms(x);` ── x ms(秒/ミリセカンド)待ちます。
`__delay_us(x);` ── x μs(マイクロセカンド)待ちます。

例えば、0.5秒待つ場合は
`__delay_ms(500);` となります。(1000msは1秒です。)

アンダーバーは、delayの前が2本、msの前は1本です。なお、待ち時間xは、変数を使うことができません。その上、指定できる数値には上限があります。(コンパイラや動作周波数で変わります)μsの方は、LED点滅の微調整などに使う場合がありますが、ほとんどはmsの方がメインで使うことになります。1秒以内で

使うぶんには問題ありませんが、例えば1分待つ場合には1秒を60回ループさせてカウントします。
```
for(i=0; i<60; i++){
    __delay_ms(1000);
}
```

大きな数値を入れても、後から何秒なのか判りにくくなりますから、1秒以上になるならループを組んでしまったほうが、プログラムの見通しが良くなりますし、上限にヒヤヒヤすることもありません。1分以上待つ場合には、ループをネストさせます。例えば、5分待たせるなら、1分を5回ループさせると、後から見た時わかりやすいです。
```
for(i=0; i<5; i++){
    for(j=0; j<60; j++){
        __delay_ms(1000);
    }
}
```

ただし、この方法では、for命令の処理に余分な時間が掛かりますので、正確な時間にはなりません。PIC内部のクロック発生器の精度も低いので、若干のズレが発生します。模型の電飾に使うなら、それ程大きな問題にはならないと思いますが、時計やタイマーなど精度を持った時間を作りたい場合には、外部から正確なクロックを入れたり、TIMER割り込み機能を使うなど、delayとは違うテクニックが必要です。

まとめ　命令（用途別）

- **条件分岐** ……… if else・switch case
- **ループ** ……………… main・while・for・break
- **関数**
- **特殊な命令** ……… rand・delay

覚えなくてはならない命令は、たったのこれだけです。面倒な初期設定部分をコピー／ペーストで済ませてしまうので、後は変数や構文の書き方に気を付ければ、すぐにプログラムを始められますね。次章から、回路の作り方やプログラムの方法を、具体的な例を見ながら学習してみましょう。

03

APPLY

活 用 編

統合開発環境MPLAB X IDEの操作方法を習得しよう。テンプレートの作成と、設定内容も解説する。PIC以外に必要なパーツの紹介と、電源の製作方法も紹介する。

03-1 準備
- 開発専用のフォルダ
- MPLAB X IDE 最初の起動
- 便利な使い方
- プロジェクトの作成
- ソースファイルの作成
- コンフィグの自動生成
- そのほかの設定
- テンプレート化
- 初期設定部分の解説

プログラムの構成
コンフィグの内容
ヘッダとインクルード
そのほかの設定内容

03-2 パーツを準備しよう
- 必要なパーツ
- PICの電源
- 電源を製作する

03-1

準備

MPLAB X IDEを使ってプログラムの作成を始める前に、保存するためのフォルダを用意したり、初期設定を簡潔に済ませるためのテンプレートを用意する必要があります。快適な開発環境にするために、まずは準備をしておきましょう。

開発専用のフォルダ

MPLAB X IDEを最初に起動する前に、プロジェクトを保存するためのフォルダを作成しておきます。フォルダ名には日本語が使えませんので、Cドライブのルートにフォルダを作ります。例えば、C:→PIC→Projectなどとしておきます。MPLAB X IDEで開発に使用するファイルは、全てここに保存することになります。Macの場合には、Finder内など、わかりやすい場所にフォルダを作りましょう。作成したプログラムは、フォルダごとにまとめられて保存されるので、以前作成したプログラムを後から参照したい場合に、とても見通しが良くなります。後程作成するテンプレートも、ここに保存しておくと便利です。

MPLAB X IDE 最初の起動

まずは、一番最初に起動して、使えるようになるまでの様子をご紹介します。

1

このアイコンで起動します。ショーカットを作っておくと便利です。

2

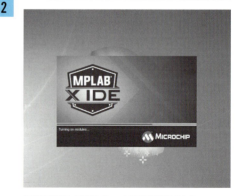

初めて起動した時は、ちょっと時間が掛かります。

途中、セキュリティ警告が出る場合がありますので、許可してください

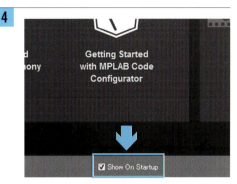

起動すると、スタートアップ画面となります。下のShow On Startupのチェックを外すと、今後表示されなくなります

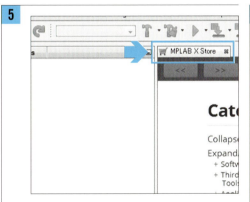

右半分にストアウィンドウが開きますので、閉じます

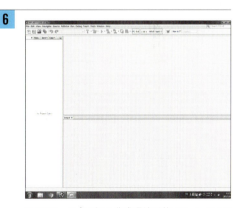

これでやっとプログラム作成環境が整いました。ここでの画面の構成が多少違っていても問題ありません

便利な使い方

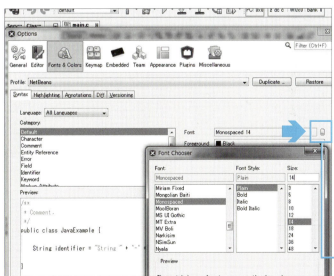

エディタの文字を大きくする

プログラムを書くエディタ部分のフォントは、初期設定では14ポイントに設定されています。文字が小さくて見にくい場合は、フォントを大きくする事が可能です。Tools → Optionsで、Optionsウインドウを開き、Fonts & Colorsタグを開きます。ここのFont Monospaced 14の隣にある…をクリックして、Sizeを変更出来ます。

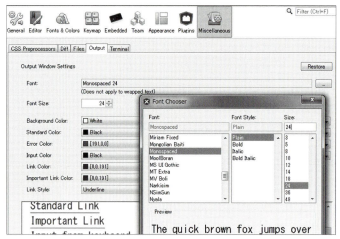

コンパイル画面の文字を大きくする

コンパイル（ビルド）を実行すると、OUPUT PANE内にコンパイルの経過が表示されますが、こちらの文字も初期設定では小さくて見にくい場合があります。**Tools→Options**で、**Options**ウィンドウを開き、**Miscellaneous**を選択、**Output**タグを選択します。**Font Monospaced 14**の隣にある…をクリックして、Sizeを変更できます。

MPLAB X IDE ユーザーズガイド

こちらで、Microchip社が日本語のマニュアルを公開しています。初心者向きではありませんが、かなり広範囲に詳しい使い方が掲載されていますので、ダウンロードしておくことをお勧めします。

ダウンロードURL
http://ww1.microchip.com/downloads/jp/DeviceDoc/50002027D_JP.pdf

MPLAB X IDE 各部の名称

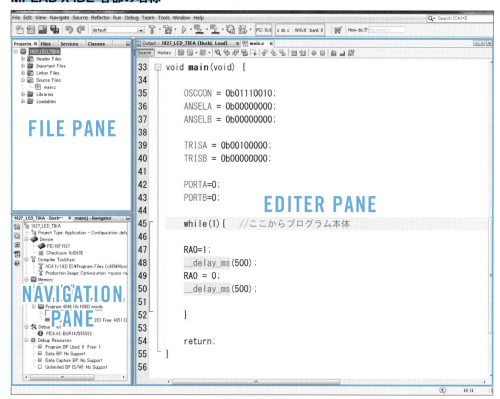

FILE PANE

ここには、開発で使用するファイルが、プロジェクトごとに管理されています。どんなファイルを使ったのか、全て記録されていますが、普通に使うにはProject 名とsouce file が判れば充分です。

NAVIGATION PANE

使用したPICの型番、コンパイラのバージョン、プログラムやデータのサイズ、PICライタの種類など、開発に必要な情報が表示されます。

EDITER PANE

このウィンドウでプログラムを作成します。筆者は見渡しが良いように、コンパイルの経過を表示するOutputと統合しています。

DEBUG MODE

MPLAB X IDEは、強力なデバック機能（エラー部分を探し出すツール）を持っています。シュミレータでは、PICを使わなくてもブレークポイント（一時停止位置）を設定したり、1行ずつ実行して変数の変化をモニタしたりできます。大変便利な機能ですが、使いこなすにはそれなりの知識が必要ですので、本書では割愛させて頂きます

PANEの統合

初めて起動した状態では、OUTPUTPANEがEDITER PANEと縦に並んでいるかもしれません。EDITER PANEが狭くなりますし、OUTPUT PANEはコンパイルやエラーの情報がスクロールしていくため、横長では使いにくいです。以下の操作で、OUTPUT PANE をEDITER PANEとまとめておくことをお勧めします。

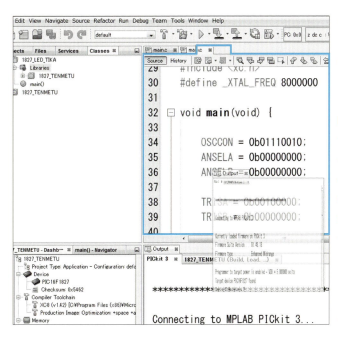

OUTPUT タグの上でダブルクリックして、そのままボタンを押したままドラッグすると、赤い四角が現れて位置を選択できるようになります。ちょっとコツが必要です。このままEDITER PANEの位置まで動かしてボタンを離すと、EDITER PANEに統合されて、OUTPUTタグが表れます。コンパイル時は、自動的にOUTPUT PANEに切り替わって表示されますので、経過を広く見渡せるようになります。元に戻したい時も同様の操作で分離できます。また、それぞれのタグ上で右クリックすると、閉じたりフローティング状態にするメニューが選択できます。

プロジェクトの作成

MPLAB X IDEでは、プログラム開発の全体をプロジェクトとして管理します。ここでは、プロジェクトやソースファイルの作成手順を学習し、今後の開発に必要なテンプレートを製作します。PICkit3をパソコンに接続してMPLAB X IDEを起動して下さい。

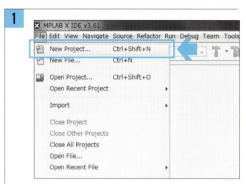

メニューは全て英語です。日本語に対応したバージョンは、古いものしかありませんので、英語メニューに馴れて頂くしかありません。File → New Project をクリック

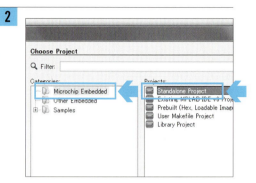

Microchip Embedded と、Standalone Projectを選択。NEXT > をクリック

使用するPICを選択します。PIC16F1827を使います。Familyの▼をクリックして、Mid-Range 8-bit MCUs(PIC10/12/16/MCP)を選択

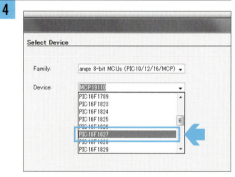

Device の▼をクリックして、一覧からPIC16F1827を選択。種類が多いので、Deviceに直接打ち込んでも結構です。NEXT > をクリック

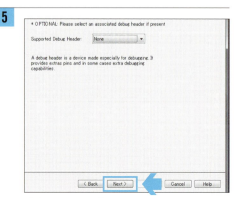

デバックヘッダーは使用しませんので、NEXT > をクリックします

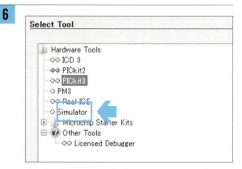

PICライターの選択です。使用できないツールは赤で表示されます。PICkit3を選択します。PICkit3が表示されない場合、P67（4章 実践編 4-1 LEDを点灯させる）の「PICkit3の設定」を参照して下さい。

7

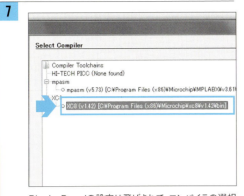

Plugin Boardの設定は飛ばされて、コンパイラの選択になります

9

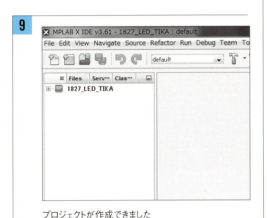

プロジェクトが作成できました

8

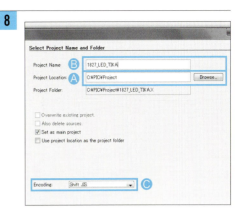

プロジェクト名を設定します。

Ⓐ Browsで、最初に作ったプロジェクトのフォルダを指定します。

1827_LED_TIKA

Ⓑ プロジェクト名(ここでは1827_LED_TIKA)を入力します。日本語は使用できません。このプロジェクトのフォルダが作成されます。

Ⓒ 文字のエンコードは、ここでSift-JISに変更しておかないと、日本語が文字化けします。Finish をクリックします

ソースファイルの作成

プログラムが書かれたテキストをソースといいます。プログラムを書くための白紙を作ります。

1

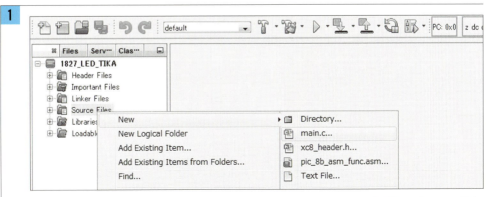

ソースファイルを作成します。Source Filesの上で右クリックして、New→main.cを選択します。Macの場合、File→New File→C→C Main Fileで選択可能です

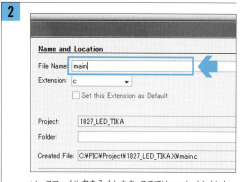

ソースファイル名を入力します。ここでは、main としました

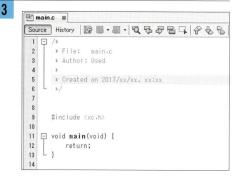

からっぽのプログラムができました。でも、まだ初期設定部分ができていません

コンフィグの自動生成

PICは様々な機能を持っているため、どのピンにどんな機能を割り当てるのか、いちいち設定する必要があります。設定は、プログラムのなかで指定します。パラメーターは複雑で難解ですが、MPLAB X IDEでは、選択するだけで設定できるツールが用意されています。ここでは、意味がわからなくても結構ですので、画面の通りに指定して下さい。後程、設定値の意味を詳しく解説します。

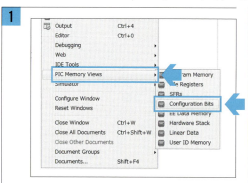

Window → PIC Memory Views → Configuration Bits と選択します

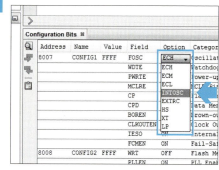

右下のウィンドーに、設定する項目が表示されます。Optionの▼をクリックすると、設定できる値がプルダウンされますので、そのなかから選択していきます

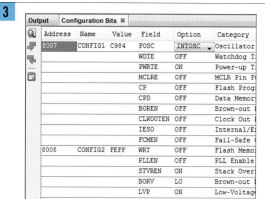

ここでは、意味が判らなくても結構です。このように設定して下さい。ここは大事な部分ですので、設定を間違えないようにして下さい。設定が終わったら、Generate Source Code to Output ボタンをクリックします。

4

すると、設定値が#pragma config=xxxという書式に変わります。#pragma...ではじまる部分を選択、コピーして、上のソースウィンドウの/configの下へ貼り付けます

その他の設定

config部分までできましたが、まだ設定しなくてはならない項目が残っています。この様に打ち込んで下さい。

```
30  #include <xc.h>
31  #define _XTAL_FREQ 8000000
32
33  void main(void) {
34
35      OSCCON = 0b01110010;
36      ANSELA = 0b00000000;
37      ANSELB = 0b00000000;
38
39      TRISA = 0b00100000;
40      TRISB = 0b00000000;
41
42      PORTA=0;
43      PORTB=0;
44
45      while(1){  //ここからプログラム本体
46
47
48
49      }
50
51      return;
52  }
```

大文字と小文字は区別されます。また、文法に間違いがあると、番号の所にエラーが表示されます。
`#include <xc.h>` の次の行に、
`#define _XTAL_FREQ 8000000`
「_」アンダーバーを忘れずに。0は6桁あります。この行に限って、;は要りません。`void main(void){` は、自動的に挿入されているはずです。この下へ、

　　　OSCCON = 0b01110010;
　　　ANSELA = 0b00000000;
　　　ANSELB = 0b00000000;
　　　TRISA = 0b00100000;
　　　TRISB = 0b00000000;

　　　PORTA=0;
　　　PORTB=0;　が入ります。

行の先頭のスペースは、無くても問題ありませんが、見通しを良くするために空ける習慣を身につけましょう。TABキーを使って下さい。文字は全て大文字です。0b以降の0は8桁あります。プログラム本体が収まる永久ループの部分も打ち込んでおきましょう。

　　　while(1){//プログラム本体
　　　}

while(1)の後ろは「{(ブレース、巻き毛の括弧)」です。「[(ブラケット、角括弧)」と間違えないでください。//以降はコメントとして扱われます。
}(巻き毛の括弧)で閉じてください。

　　　return;
}

これはそのまま残して下さい。最後の括弧は、main{の括弧に対応しています。ここをクリックすると、行番号のとなりにmain{と繋がる線が現れるはずです。これでプログラムを書き始める準備ができました。この内容を保存して、テンプレートとして使います。

テンプレート化

本書では、使用するPICを**PIC12F1822**と**PIC16F1827**の2種類に限定することで、面倒な初期設定部分をテンプレート化します。ここまで打ち込んだ内容は、PIC16F1827を使う時に使用するテンプレートです。/*〜*/、//はコメントですので、この通りでなくても構いません。筆者は、参照したときに管理しやすいように、各所にコメントを追記しています。

PIC16F1827 テンプレート

```c
/*      使用するキット名
        日付
        PIC16F1827
        プログラマー
*/

// PIC16F1827 Configration Bit Settings

// CONFIG1
#pragma config FOSC = INTOSC    // Oscillator Selection (INTOSC oscillator: I/O function on CLKIN pin)
#pragma config WDTE = OFF       // Watchdog Timer Enable (WDT disabled)
#pragma config PWRTE = ON       // Power-up Timer Enable (PWRT enabled)
#pragma config MCLRE = OFF      // MCLR Pin Function Select (MCLR/VPP pin function is digital input)
#pragma config CP = OFF         // Flash Program Memory Code Protection (Program memory code protection is disabled)
#pragma config CPD = OFF        // Data Memory Code Protection (Data memory code protection is disabled)
#pragma config BOREN = OFF      // Brown-out Reset Enable (Brown-out Reset disabled)
#pragma config CLKOUTEN = OFF   // Clock Out Enable (CLKOUT function is disabled. I/O or oscillator function on the CLKOUT pin)
#pragma config IESO = OFF       // Internal/External Switchover (Internal/External Switchover mode is disabled)
#pragma config FCMEN = OFF      // Fail-Safe Clock Monitor Enable (Fail-Safe Clock Monitor is disabled)

// CONFIG2
#pragma config WRT = OFF        // Flash Memory Self-Write Protection (Write protection off)
#pragma config PLLEN = OFF      // PLL Enable (4x PLL enabled)
#pragma config STVREN = ON      // Stack Overflow/Underflow Reset Enable (Stack Overflow or Underflow will cause a Reset)
#pragma config BORV = LO        // Brown-out Reset Voltage Selection (Brown-out Reset Voltage (Vbor), low trip point selected.)
#pragma config LVP = OFF        // Low-Voltage Programming Enable (Low-voltage programming enabled)

#include <xc.h>
#define _XTAL_FREQ 8000000

void main(void) {

    OSCCON = 0b01110010;    //内部クロック8MHz 4MHz 0b01101010
    ANSELA = 0b00000000;    //アナログは使用しない(すべてデジタルI/Oに割当てる)
    ANSELB = 0b00000000;

    TRISA = 0b00100000;     //RA5だけ入力その他のピンは出力に割当てる(RA5は入力専用)
    TRISB = 0b00000000;

    PORTA=0;                //出力ピンの初期化(全てLOWにする)
    PORTB=0;

    while(1){

    //ここにプログラムを書きます

    }       //End of while

}       //End of main
```

この初期設定ファイルは、プログラミングの基本となる大切なテンプレートです。間違いなく入力できているか、コンパイルしてみることでチェックします。Clean and Build Main Project ボタンを押して下さい。ソース画面が切り替わり、文字がたくさん流れていきます。最後に緑の文字で、BUILD SUCCESSFUL(total time: Xs)と表示されれば成功です。もし、どこかで入力間違いがあった場合、赤文字で BUILD FAIED(exit value x, total time: xxms)と表示されます。その場合、どこかに入力ミスがありますので、修正して再度コンパイルしてみて下さい。

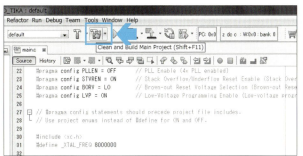

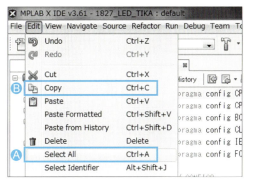

コンパイルが成功したら、メモ帳やテキストエディタにこの内容をコピーして、保存しておきましょう。

🅐 File→Edit→Select Allで全て選択して、

🅑 File→Edit →Copy からペーストでエディタ等に貼り付け、保存して下さい。後から参照するので、判りやすい場所に保存して下さい。(例:フォルダ C/PIC/Project へ、"PIC16F1827 TEMPLATE.txt")次回からはこの内容をコピペするだけでPIC16F1827のプログラムを作り始めることができます。

同様に、PIC12F1822用のテンプレートファイルも作成しておきましょう。実は、PIC12F1822用のテンプレートは、PIC16F1827用のテンプレートとほぼ同じです。Config部分は全く同じで、違っている部分は、その他の初期設定部分だけです。void main(void) { から下の部分を修正して下さい。

PIC12F1822は、PORTがAしかありませんので、PORT Bに関する記述が無くなります。また、入力専用端子がRA5からRA3になりますので、TRISAの1になっているビットが移動しています。こちらのテンプレートも、コンパイルしてみてエラーが無いことを確認してから、テンプレートファイルとして保存しておきましょう。今度はファイル名を、例えば"PIC12F1822 TEMPLATE.txt"など、別のわかりやすい名前に変えて保存して下さい。

PIC12F1822 初期設定

```
/*          使用するキット名
            日付
            PIC12F1822
            プログラマー
*/

// PIC16F1822 Confirgration Bit Settings

// CONFIG1
#pragma config FOSC = INTOSC     // Oscillator Selection (INTOSC oscillator: I/O function on CLKIN pin)
#pragma config WDTE = OFF        // Watchdog Timer Enable (WDT disabled)
#pragma config PWRTE = ON        // Power-up Timer Enable (PWRT enabled)
#pragma config MCLRE = OFF       // MCLR Pin Function Select (MCLR/VPP pin function is digital input)
#pragma config CP = OFF          // Flash Program Memory Code Protection (Program memory code protection is disabled)
#pragma config CPD = OFF         // Data Memory Code Protection (Data memory code protection is disabled)
#pragma config BOREN = OFF       // Brown-out Reset Enable (Brown-out Reset disabled)
#pragma config CLKOUTEN = OFF    // Clock Out Enable (CLKOUT function is disabled. I/O or oscillator function on the CLKOUT pin)
#pragma config IESO = OFF        // Internal/External Switchover (Internal/External Switchover mode is disabled)
#pragma config FCMEN = OFF       // Fail-Safe Clock Monitor Enable (Fail-Safe Clock Monitor is disabled)

// CONFIG2
#pragma config WRT = OFF         // Flash Memory Self-Write Protection (Write protection off)
#pragma config PLLEN = OFF       // PLL Enable (4x PLL enabled)
#pragma config STVREN = ON       // Stack Overflow/Underflow Reset Enable (Stack Overflow or Underflow will cause a Reset)
#pragma config BORV = LO         // Brown-out Reset Voltage Selection (Brown-out Reset Voltage (Vbor), low trip point selected.)
#pragma config LVP = OFF         // Low-Voltage Programming Enable (Low-voltage programming enabled)

include <xc.h>
#define _XTAL_FREQ 8000000

void main(void) {

    OSCCON = 0b01110010;      // 内部クロック8MHzの場合、4MHzにする場合は 0b01101010にする
    ANSELA = 0b00000000;      // アナログは使用しない(すべてデジタルI/Oに割当てる)
    TRISA = 0b00100000;       // RA5だけ入力その他のピンは出力に割当てる(RA5は入力専用)

    PORTA=0;                  // 出力ピンの初期化(全てLOWにする)

    while(1){

    //ここにプログラムを書きます

    }       //End of while

}           //End of main        //  OSCCONを8MHz以外にする場合は、_XTALFREQの値も変更する。4Mhz時は40000000
```

初期設定部分の解説

テンプレートとして入力した、Configや初期設定の中身はどうなっているのでしょうか？ じつは、この中身を全く知らなくても、コピー/ペーストしてしまえばプログラムを作ることができますが、今後もっと活用したい場面が出てきた時のために、テンプレートのなかで何をしているのか解説しておきます。「それは必要になったら学習する。とりあえず電飾を始めたい」という場合は、この章を飛ばしてP60「3-2 パーツを準備する」へ進んで下さい。

プログラムの構成

PICでC言語を使う場合は、プログラム中で動作モードを設定したり、初期設定のパラメータを指定してから本文に入ります。プログラムの構成は、初期設定部分と、プログラム本体のふたつの部分に分かれます。

PICの動作や初期設定をする	● コンフィグ設定 ● インクルードファイルの読み込み ● デファインの指定 ● main{ ● 動作モードや初期設定
プログラム本体	● 使用する変数を宣言 ● while{ ● プログラム本体(無限ループ) ● } whileの終わり ● } mainの終わり

コンフィグの内容

コンフィグの部分では、PICが持つ様々な機能の動作モードや、パラメータを設定します。本書で扱うPIC16F1827、PIC12F1822のふたつのPICは、内部構造がほぼ同じであるため、全く同じConfig設定で使用できますが、これ以外のPICを使いたい場合は、設定する内容が若干違ってきます。設定した内容を詳しく説明しますので、将来別のPICを使いたい時に、どんな内容を設定すればよいのか参考にして下さい。

PIC16F1827 PIC12F1822 Config 設定の内容

… 本書で設定する値

	項目	設定値	内容
CONFIG 1	FOSC	ECH	外部からのパルス波(4-32MHz)を使用。RA7が外部クロック入力、RA6(4)は通常の入出力ポート
		ECM	外部からのパルス波(0.5-4MHz)を使用。RA7が外部クロック入力、RA6(4)は通常の入出力ポート
		ECL	外部からのパルス波(0-0.5MHz)を使用。RA7が外部クロック入力、RA6(4)は通常の入出力ポート
		INTOSC	PIC内部にあるクロックを使用する。RA6,7(4,5)は通常の入出力ポート
		EXTRC	外部発振に簡単なRC発振を使用。RA7(5)が外部クロック入力、RA6(4)は通常の入出力ポート
		HS	外部の水晶発振子による、4-20MHzのクロックを使用する。RA6,7(4,5)がクロック入力
		XT	外部の水晶発振子による、4MHz以下のクロックを使用する。RA6,7(4,5)がクロック入力
		LP	外部の水晶発振子に時計用の32.768kHzの水晶発振子を使用。RA6,7(4,5)がクロック入力
	WDTE	ON	ウォッチドッグタイマー　暴走した時、自動的にリセットする
		NSLEEP	ウォッチドッグタイマーを、スリープ中は無効にする
		SWDTEN	ウォッチドッグタイマーを、WDTCONレジスタを使い、ソフトからON/OFF可能にする
		OFF	暴走してもリセットしない
	PWRTE	ON	電源ONから少し時間を置いてプログラムをスタートする
		OFF	電源ONで、すぐにプログラムをスタートする
	MCLRE	ON	RA5(3)を、外部リセット端子として使用する。LVPの設定の影響有り
		OFF	RA5(3)は、通常の入力専用ポートとして使用する
	CP	ON	プログラムの読み出しを許可する
		OFF	プログラムの読み出しを許可しない
	CPD	ON	データメモリーの保護を行なう
		OFF	データメモリーの保護はしない
	BOREN	ON	電源電圧が降下したらリセットする
		NSLEEP	電源降下の監視を、動作時のみ行ない、スリープ時は無効にする
		SBODEN	BORCONレジスタで有効/無効を制御する
		OFF	電源電圧の監視を行なわない
	CLKOUTEN	ON	RA6(4)からクロックアウト信号を出力する
		OFF	RA6(4)は通常の入出力ポートとして使用する
	IESO	ON	電源ON時は内蔵クロックを使用し、外部クロックに切り替えて起動する
		OFF	クロックの切り替えをしないで起動する
	FCMEN	ON	外部オシレータに障害が発生した場合に内部オシレータに切替える
		OFF	外部クロックの監視はしない
CONFIG 2	WRT	ALL	ブートローダー(外部から読込んだプログラム)領域(000-FFF)を保護しない。アドレス変更不可
		BOOT	ブートローダー領域(000-1FF)を保護する。アドレス変更可能
		HALF	ブートローダー領域(000-7FF)を保護する。アドレス変更可能
		OFF	保護しない
	PLLEN	ON	内部クロックを32MHzで使う時、4倍速にする(他を8MHz設定×4)
		OFF	4倍速なし
	STVREN	ON	ジャンプアドレスの記憶容量がオーバーした時、リセットする
		OFF	何もしない
	BORV	HI	電源電圧の検出電圧を高くする(2.5V)
		LO	低い電圧で検出する
	LVP	ON	プログラムを書き込む際、低い電圧でも可能にする。MCLREの設定を無視する
		OFF	プログラムを書き込む際は、高い電圧を使用する。MCLREの設定を有効にする

※LVPがONの場合、MCLRE端子は入力ポートとして使えなくなります。

03

ヘッダとインクルード

2.実践編の、2-1 ソースファイルの作成で、プログラムを新規で作成した時、#include <xc.h>という記述がありました。xc.hは、ヘッダファイルと言うもので、出力ピンの名前や、よく使う関数を定義したものです。これを読み込むことを、インクルードと呼び、プログラムの最初で実行します。予めこれを組み込む事で、RB0=1;と記入するだけで、たくさんあるPICの出力端子のどこを1にするのか判断してくれています。また、指定した時間待ってくれる__delay_ms(xx);という命令も、xc.hで定義されているおかげで使える仕組みになっています。

デファインという記述で、特定のパラメーターをセットする場合があります。例えば、
#define _XTAL_FREQ_8000000 という記述は、delayで正確な待機時間を知るためにPICの動作周波数を設定する場合に使用します。

インクルードやデファインはもっと複雑で高度な使い方も可能ですが、本書ではそこまで言及しません。

模型を電飾するなら、
#include<xc.h>
#define _XTAL_FREQ_8000000 このふたつが、プログラムの先頭に必要だという認識だけで充分です。

※テンプレートでは、動作周波数は8MHzに設定されています。動作周波数を変更したい場合は、ConfigのOSCCONの設定を参照して下さい。

そのほかの設定内容

PICは、ヘッダのインクルードや、デファインのほかにも、初期設定が必要です。PIC16F1827の場合、最低でもこれら7つの初期設定をしなくてはなりません。これらの設定は、main{とwhile{の間に書いておけば良いでしょう。

```
1  OSCCON = 0b01110010;
2  ANSELA = 0b00000000;
3  ANSELB = 0b00000000;
4  TRISA  = 0b00100000;
5  TRISB  = 0b00000000;
6  PORTA=0;
7  PORTB=0;
```

```
main(){
   ここに書く
   while{

   }
}
```

1 OSCCON=0b01110010;

PICの処理スピードである、動作周波数を指定します。「0b」の後の8桁の0と1で指定します。

4MHzの場合… 0b01101010
8MHzの場合… 0b01110010
16MHzの場合… 0b01111010
32MHzの場合… 0b01110000 と指定します。

0b以降の011100で動作周波数を、末尾の10で内部/外部を切り替えます(実際にはもっと細かいコントロールがされています)。本書のテンプレートでは8MHzに設定していますが、変更する場合は#defineで指定する数値も合わせなければなりません。例えば、16MHzに変更したなら、
OSCCON=0b01111010; とした他に、
#define_XTAL_FREQ 16000000 と定義しておかないと、
delayを使った時、指定した値と合わなくなります。また、32MHzの場合は特別で、8MHzを内部で4倍速にして作り出していますから、

OSCCON = b01110000; (8MHzに設定)のほかに、コンフィグで定義している
#progma FOSC = INTOSC
#pragma config PLLEN = ON として、更に
#defain_XTAL_FREQ 32000000 と、3箇所のパラメーターを変更
します。ちょっと面倒くさいですね。模型の電飾であれば、8Mhzの設定
で困ることはまずないでしょう。

2 ANSELA = 0b00000000;

これはアナログの入力を行なうかどうか、ピン単位で指定しています。「0b」の後の8桁の数値がPORTの番号に対応しています。

ANSELA = 0b00000000;

3 ANSELB = 0b00000000;

PORT A の76543210 (RA7~RA0)

右側から0で始まっていることに注意してください。0はデジタルで入出力をします。1でアナログ入力として設定されます。例えば、
ANSEL = 0b00000010; とすると、PORTAのRA1だけをアナログ入力に設定します。PIC12F1822はRA5までしか持っていませんが、8桁で指定します。

4 TRISA = 0b00100000;

これは入力として使うのか、出力として使うのかを、ピン単位で指定しています。ANSELと同様に、「0b」以降の8桁がPORTの番号に対応しています。ここでも、番号は7,6,5…と逆(右端が0)になっていますので注意

5 TRISB = 0b00000000;

して下さい。0が出力で1は入力になります。PIC16F1827のRA5は入力専用なので、PORTAの5番は入力に設定します。PIC12F1822の場合はRA3が入力専用で、ポートもAしかありませんので、
TRISA = 0b00001000; のみとなります。スイッチの状態を検知したい場合は、スイッチを接続した端子を入力モードにします。例えば、RB2にスイッチを繋いだなら、
TRISB = 0b00000100; と、設定しておきます。

6 PORTA = 0;

ここでは、全ての端子を初期化しています。電源投入時に電圧が安定しなくて、1(High)のまま残ってしまう場合があるかも知れません。そこにLEDが接続されていたら、点灯したままになります。そこで、ポート全体を一度に0(Low)にして初期化する必要があります。

7 PORTB = 0;

人間の言葉であれば、「RA5だけ入力に設定して」と伝えれば済みますが、プログラムでは「TRISA=0b00100000;」と書かないと、コンピューターは判ってくれません。しかも、「;」ひとつ忘れただけで理解してもらえないのです。C言語はプログラム言語としては判り易い方ですが、それでもコンピューター寄りの言語だといえますね。

パーツを準備しよう

PICを使ってLEDを点灯させるには、様々な電子パーツを組み合わせて回路を製作します。どんなパーツが必要になるのか、見てみましょう。

必要なパーツ

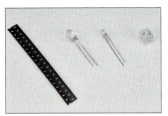

【LED】
色や形、大きさなど、たくさんの種類があります。どんな模型のどこに仕込むかによって、様々な色や形を選ぶ事になります

◀各種のLED ／ 左からチップLED、砲弾型5mm、砲弾型3mm、角型

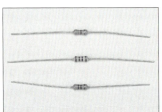

【抵抗】
PICは5Vで動作します。電源の電圧が決まっているので、電流値を調整してくれるCRDは使わなくて済み、コストを抑える事が可能です。**LEDの保護抵抗として330Ω、もっと明るくしたい場合用に220Ω、プルアップ（後述）やトランジスタ制御用に4.7kΩ**。この三種類の抵抗があれば、大抵は間に合います

◀本書で使用する抵抗 ／ 上から330Ω（橙・橙・茶・金）、220Ω（赤・赤・茶・金）、4.7kΩ（黄・紫・赤・金）

【ICソケット】
PICは、直接ハンダ付けせずにICソケットに挿して使います。プログラムの動作確認をする場合は、自作した回路とpickit3へ交互に差し替えますし、完成後もプログラムを書き換える場合もあるからです
- PIC12F1822 用として8ピン
- PIC16F1827用として18ピン　この2種類を用意しておきましょう

【コンデンサ】
PICは高い周波数で動作するコンピュータですので、ノイズで誤動作する場合があります。それほど気遣う必要はありませんが、電源からノイズを取り去り、電圧を安定させるため、プラス・マイナス間に0.1μFのセラミックコンデンサを付けておきます。回路図では省略されています

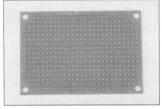

【基盤】
回路はたくさん穴が開いたユニバーサル基板に組み立てます。樹脂製でとても堅く、必要なサイズにカットするのは大変ですが、仕込む場所に合わせてパーツを配置すれば、形やサイズを自由に作る事ができるので、市販のキットを使うよりも自由度がずっと高くなります

◀画像は片面ガラスユニバーサル基板 sanhayato ICB-288

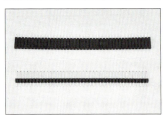

【ピンコネクタ】
回路を仕込んでおいたパーツ同士を接続したり、ベースと模型の電源を繋ぐ場合などに使用します。たくさん繋がっているものから、必要な本数を切り出して使用します

ほかに、**配線用ビニールコード**や、**テスター**などあると便利です

PICの電源

PICは5Vの電圧で動作します。ボタン電池の3Vでも動作しますが、回路を3Vに合わせて設計する必要があるので、どうしても内部にスペースが無い場合の、特殊な手段になります（後から電圧を変更すると大変なことになります。）長時間安定した動作をさせるなら、12VのACアダプタから5Vに変換する電源回路を使うのが一番確実です。乾電池を使う場合は3本の4.5Vにして、動作可能電圧の5.5Vを越えないようにしますが、わざわざ3本の電池を使うなら、特別な理由が無い限り9Vの角型電池にした方がスペース的にも電池寿命の面から見ても有利です。つまり、PICを動かすための電源は、

Ⓐ12VのACアダプタや9Vの角型電池から5Vを取り出す回路を自作する。

Ⓑどうしてもスペースが無い場合は、3Vで動作する回路を設計する。

この2つの方法から選択することになります。Ⓐの12Vや9Vから5Vを取り出す回路は、同じ回路で作ることが可能で、電圧コンバータと呼ばれています。ACアダプタを使う場合は、

・12V1AのACアダプタ
・ACアダプタに合わせた径のコネクタ
・電源スイッチ

を用意して下さい。9V電池を使う場合は、電池に電線を繋ぐための電池スナップを用意して下さい。

電源を製作する

電圧コンバータ回路は、100円ショップのUSB充電シガープラグを分解して製作します。100円ショップで、いつまで商品を扱っているかの保障はありませんが、現時点でベストな電源の入手方法だと思われるため、リスクを承知であえてご紹介します。3端子レギュレータ7805を使った電源を自作する方法もありますが、本書ではあまりお勧めしません。レギュレータは電圧の差を熱として放出するので、密閉された模型の内部に仕込むのは好ましくありません。LEDの数が少ないなら問題ありませんが、消費電力（LEDの数）が増えるほど発熱量も多くなりますので、大きな放熱器を付けなくてはならなくなります。また、コストや製作の手間の観点から見てもお勧めできません。その点、こちらはスイッチング電源という仕組みで、発熱はほとんどありませんので、安心して模型に組み込むことができます。コスト的にも1個100円ですから、作品ごとに内蔵させてしまっても惜しくありません。その代わり、市販の商品を分解して使用しますので、当然メーカー保障の範囲外となります。改造は自己責任で行なってください。もし、それが不安なら、パーツショップでスイッチング電源のキットが入手できますので、そちらを使うことをお勧めします。

電源を作ってみよう

1

100円ショップで車のシガーライターからUSB電源を取るアダプタを入手します。これ以外にも種類がありますが、内部の構造はほとんど変わりません。1A出力のものを購入して下さい。

2

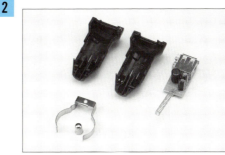

ケースを開けます。ネジで固定されているタイプもあります。右端の基盤が目的のコンバータです

3

スプリングは不要なので、ハンダを溶かして取り外すか、金属用のニッパーでカットします。

4

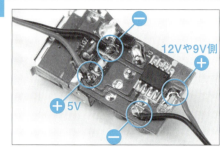

12Vや9Vの電源から入ってくる電線をハンダ付けします。電源スイッチを付ける場合は、この線の途中に入れて下さい。裏のスプリングが付いていたところがプラスで、USBコネクタのカバーがハンダ付けされている広いパターンの部分がマイナスです。導線の長さを合わせてハンダ付けしました。

5

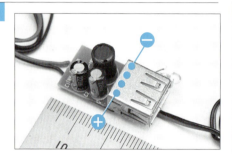

5Vが出てくる電線をハンダ付けします。5Vとマイナスは、USBコネクタの端子がハンダ付けされている4本端子の両脇です。裏返しているので逆になっていますが、差し込む方向から見て左端の端子が5V、右端はマイナス（USBコネクタのケースに繋がっている）になりますので、導線をハンダ付けします。狭い場所なので、他のところにハンダが付かない様に気を付けて下さい。

6

結線したら、12Vの電圧を加えてみて、330Ωの抵抗を付けたLEDで、必ず動作確認をしましょう。特に発熱などしていなければ成功です。

7

完成すると約3cmと、かなり小型です。USBコネクタも外せば、更に小型化できます。他に、通電確認のLEDも付いていますが、邪魔な場合は外して下さい。

同じ部品を集めてスイッチング電源を作るのは可能ですが、100円以内で作るのは到底不可能で、コストパフォーマンスには驚くばかりです。電圧コンバータは、何か模型を作る度に必要になりますから、コストや安全性を考えると、かなり便利なアイテムといえるでしょう。安価であるため、作品ごとに専用に製作して、例えばベース内部に固定してしまっても低コストで済みます。

04

PRACTICE

実践編

ここでは、開発の流れを実際の例で学習する。回路の設計からプログラミング、そしてPICへの書き込みまで、幾つかの応用例を参考に習得していく。すぐに活用出来る回路やプログラムも多数紹介する。

04-1 LEDを点灯させる
- MPLAB X IDEの使い方
- プロジェクトの新規作成
- LEDの繋ぎ方
- ブレッドボードの使い方
- プログラミング
- コンパイル
- PICkit3の設定
- PICへの書き込み

04-2 たくさんのLEDを点灯させる

04-3 スイッチ入力

04-4 別のPICと連携する

04-5 LEDを明滅させる
- PWMの仕組み
- 変数の変化
- プログラムの解説
- 応用例

04-1

LEDを点灯させる

MPLAB X IDEの使い方

MPLAB X IDEを使って、プログラムを書き、PICへ書き込んでみましょう。LEDが点滅する回路を開発するまでを、流れにそってご紹介します。

プロジェクトの新規作成

1 PICkit3を接続して、「3-1 プロジェクトの作成」の手順でプロジェクトを新規に作成します。使用するPICはPIC16F1827を選択して下さい。プロジェクト名は、1827_TENMETU とします（別に、何でも構いません）ソースファイル名はmainとして、（こちらも何でも構いません）テンプレートで置き換えます。前回使ったファイル（この例では1827_LED_TIKAのソースファイルやoutput）が残っている場合は、×をクリックして消して頂いて結構です。（自動保存されています）

2 外部エディタ（筆者は、フリーソフトのサクラエディタを使っています）で、PIC16F1827のテンプレートを読み込み、すべて選択してコピーします

3 MPLAB X IDE に移り、Edit→Select Allで選択して、Edit→Pasteすれば、すべて置き換えられます

これでプログラムを作成できる準備が整いました。次に、回路を設計します。簡単なメモでも結構ですので、回路図を書いて、どこにLEDを繋ぐのかを決定します。ブレッドボードにパーツを取り付けて、動作を確認できるテスト環境を作りましょう。

LEDの繋ぎ方

PICでLEDを点灯させる回路は、とても簡単です。電源のほか、PICの出力端子に、抵抗とLEDを直列に繋げるだけです。この回路の場合は、プログラムで
RB0=1;とすれば、6番ピンが5VになってLEDが点灯し、
RB0=0;とすれば0VになってLEDは消えます。
PICのピン番号ではなく、PORT名で指定します。LEDを扱う場合は、保護抵抗330Ωを入れてGND（グランド）に落とすのが、基本的な回路になります。出力端子は個別にON/OFFできますので、ほかの端子にも同じ回路でLEDを繋いでおけば、入力専用のRA5と電源端子以外の、合計15本の端子を全てLED制御に使うことができます。15個のLEDを個別に制御できるなら、大抵の模型を電飾するには充分でしょう。

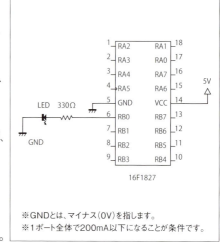

※GNDとは、マイナス（0V）を指します。
※1ポート全体で200mA以下になることが条件です。

ブレッドボードの使い方

PICの回路を設計する際は、いきなりハンダ付けはせずに、ブレッドボードで試作品を作り、動作を確認しながら行ないます。ブレッドボードは、内部がこのように結線されており、たくさんの穴にパーツを挿して回路を作ります。ハンダ付けしなくても回路が作れるので、後からパーツを変更したい回路の試作には最適です。

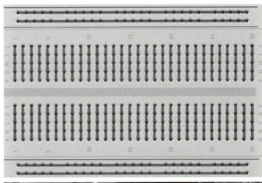

LEDを点灯させる回路を、ブレッドボード上に作ってみましょう。両端は電源のプラスとマイナスになります。PICへの電源は、ジャンパー線で接続します。パーツは、足を穴に挿すことで配線します。抵抗は6番ピンの列に挿しますが、抵抗の反対側の足はPICから離した位置に挿し、PICに影響の無い場所でLEDを接続しているのがポイントです。更にLEDは電源のマイナスへと接続されています。回路図と見比べてみて下さい。抵抗の向きが変わりましたが、こんな単純なパターンであるブレッドボードで、ちゃんと回路図通りに配線ができています。

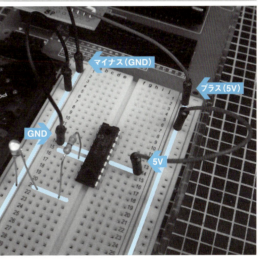

なぜブレッド? 昔、パンをこねる木製の板に回路を作っていたのが由来です。

プログラミング

プログラムは、関数でなければ、main{}のwhileの永久ループのなか、

```
while(1){
        ここに書いていきます。
}
```

せっかくLEDを点灯させるので、0.5秒間隔で点滅させてみましょう。以下を打ち込んで下さい。

```
while(1){                          while(1){ は、テンプレートとして入力済み

        RB0 = 1;                   RB0=1; と、= の間にスペースが無くてもOK
        __delay_ms(500);           delayの前は、「_(アンダーバー)」がふたつ
        RB1=0;                     msの前は_ ひとつ
        __delay_ms(500);

}                                  最後の括弧 } もテンプレートで入力済み
```

行頭のスペースは、無くても問題ありませんが、見やすいプログラムは、ミスを見付けやすくします。TABキーで綺麗に揃える習慣を付けましょう。各行の最後に「；」セミコロンを忘れないで下さい。すべて打ち込むと、以下のようになります。

```c
// PIC16F1827 Configration Bit Settings

// CONFIG1
#pragma config FOSC = INTOSC    // Oscillator Selection (INTOSC oscillator: I/O function on CLKIN pin)
#pragma config WDTE = OFF       // Watchdog Timer Enable (WDT disabled)
#pragma config PWRTE = ON       // Power-up Timer Enable (PWRT enabled)
#pragma config MCLRE = OFF      // MCLR Pin Function Select (MCLR/VPP pin function is digital input)
#pragma config CP = OFF         // Flash Program Memory Code Protection (Program memory code protection is disabled)
#pragma config CPD = OFF        // Data Memory Code Protection (Data memory code protection is disabled)
#pragma config BOREN = OFF      // Brown-out Reset Enable (Brown-out Reset disabled)
#pragma config CLKOUTEN = OFF   // Clock Out Enable (CLKOUT function is disabled. I/O or oscillator function on the CLKOUT pin)
#pragma config IESO = OFF       // Internal/External Switchover (Internal/External Switchover mode is disabled)
#pragma config FCMEN = OFF      // Fail-Safe Clock Monitor Enable (Fail-Safe Clock Monitor is disabled)

// CONFIG2
#pragma config WRT = OFF        // Flash Memory Self-Write Protection (Write protection off)
#pragma config PLLEN = OFF      // PLL Enable (4x PLL enabled)
#pragma config STVREN = ON      // Stack Overflow/Underflow Reset Enable (Stack Overflow or Underflow will cause a Reset)
#pragma config BORV = LO        // Brown-out Reset Voltage Selection (Brown-out Reset Voltage (Vbor), low trip point selected.)
#pragma config LVP = OFF        // Low-Voltage Programming Enable (Low-voltage programming enabled)


#include <xc.h>
#define _XTAL_FREQ 8000000

void main(void) {

    OSCCON = 0b01110010;
    ANSELA = 0b00000000;
    ANSELB = 0b00000000;

    TRISA = 0b00100000;
    TRISB = 0b00000000;

    PORTA=0;
    PORTB=0;

    while(1){

        RB0 = 0;
        __delay_ms(500);
        RB0=0;
        __delay_ms(500);
    }                           //End of while

    return;

}                               //End of main
```

この範囲が今回入力した部分

コンパイル

作成したプログラムを、PICが理解できる形式に変換します。同時に、エラーもチェックされます。

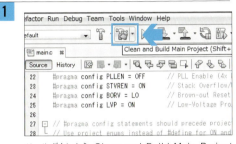

ツールボタンから、Clean and Build Main Project ボタンをクリックして、コンパイル（PICの実行ファイルHEXに変換する）します。コンパイルのことを、Build（ビルド）とも言います

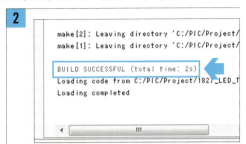

OUTPUT PANEにコンパイルの結果が表示されます。間違いなくプログラムがタイプされていれば、正常に終了し、BUILD SUCCESSFULと表示されます。プログラムに間違いがあると、エラーとして表示されます

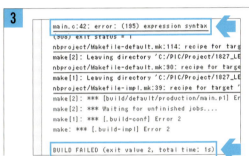

例えば、TRISB=0b00000000行の「;」を忘れてコンパイルしました。main.cの42行にエラーがあると表示されています。実際に書き忘れているのは40行なのに、ちょっと行数が違って表示される事もあります。BUILD FAILEDと表示され、コンパイルがストップします。エラー表示に関しても、後程詳しくご紹介します

PICkit3の設定

パソコンにPICkit3を接続します。PICkit3に付属している赤いUSBケーブルで繋いで下さい。PICkit3は、とても大きな電源容量を必要とします。ケーブルはパソコン本体から直接取るか、外部電源が供給できるUSBハブに接続して下さい。とくに、ノートパソコンの場合は、USBバスパワーが低い場合があります。接続のトラブルのほとんどは、電源容量不足です。また、USB3.0では、稀に正常に動作しない場合がありますので、USB2.0のコネクタを使用して下さい。お勧めは、USB2.0規格で、電源供給用のACアダプタ付きのハブです。

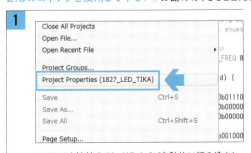

PICkit3を接続すると、ドライバが自動的に読み込まれ、HID（ヒューマンインターフェースデバイス）として認識されます。PICkit3のSTATUSランプが赤く点灯して、しばらくつと消えるのが正常です。正常に認識されているか、確認してみましょう。File→Project Properties（プログラム名）と選択します

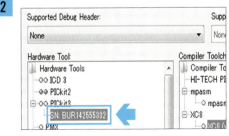

正常に接続されていれば、Hardware Toolにシリアル No.が表示されます。もし、接続に失敗している場合は、以下のことを試してみて下さい
- USBケーブルの挿す位置を変えてみる（パソコン本体に接続してみる）
- バスパワー付きのハブに変えてみる
- PICkit3のボタンを押しながら接続してみる

3

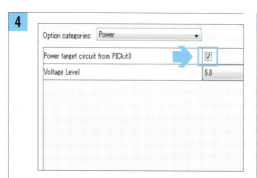

PICkit3は書き込みの際、デフォルトで外部に用意された電源を使って書き込む設定になっています。いちいち電源を用意して繋ぐのは面倒なので、PICkit3から電源を供給する設定に変更します。(新規プロジェクトを作成する度に設定しなくてはなりません)CategoriesからPICkit3を選択して、Option CategoriesのプルダウンメニューからPowerを選択します。

4

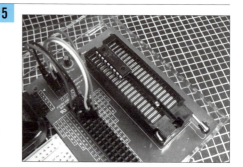

Power target circuit from PICkit3 のチェックボックスをチェックします。Voltage Levelは、5.0でOKです。これでPICkit3から書き込みの電源が供給される様になります

5

今回はPIC16F1827を使用しますので、ジャンパー線を18ピンPIC用に配線しました。PICを変えると、ジャンパー線も変えなくてはならないので、ちょっと面倒です。一発配線ボードを作っておけば、この煩わしさから解放されます。PIC16F1827をソケットに装着してレバーを倒し、準備完了です

PICへの書き込み

書き込みが開始されると、毎回PICkit3の内部にある、書き込みプログラム(ファームウェア)がPICと合っているかをチェックします。必要であれば、PICkit3の書き込みプログラムを書き換える場合があります。書き込み中は、絶対にPICkit3に触れないで下さい。

1

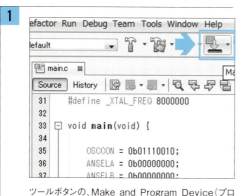

ツールボタンの、Make and Program Device(プログラム名)をクリックします

2

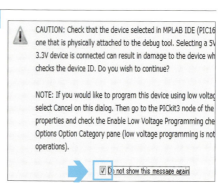

途中で3.3VのPICへ、5Vを加えようとしていませんよね?と警告されます。これは毎回出てくるので、煩わしい場合はDo not show this message againのチェックを入れます

3

PICkit3の書き込みプログラムのチェックの後、PICへ書き込みが行われます。Programming/Verify complete. が表示されれば終了です。PICkit3のSTATUSが緑に点灯します

4 書き込みが失敗した場合エラーが表示されます

- **Target Device ID (0x0) does not match expected Device ID (0x2480).** ── 状態を再確認して下さい
  PICが接続されていない／電源供給がONになっていない／
  PICの型番が合っていない

- **Failed to program device** ── USBケーブルを確認して下さい
  PICkit3とパソコンの接続がおかしい　　又は、接続している場所を変更して下さい

- **Connection Failed.** ── ケーブルを抜いて、もう一度接続して下さい
  PICkit3のファームウェアがおかしい　　又は、PICkit3のボタンを押しながら、
  　　　　　　　　　　　　　　　　　　　接続し直して下さい

大抵のエラーは、これで解決する事が多いです。
● PICkit3へ5V供給の設定を忘れていた　● ジャンパーピンの接続ミス　● ソケットに挿した位置がズレていた

作成したプロジェクトは自動的に保存されていますが、手動で保存しておきたい場合は、File から、Save As…で保存できます。PICをブレッドボードに挿して電源を入れると、0.5秒間隔で点滅が始まります。無限ループなので、電源が切られるまでずっと点滅し続けます。動かない場合は、

● PICを挿している場所を間違えていないか確認して下さい
● 電源は来ていますか？
● ブレッドボードの配線を確認して下さい

プログラムが正常に書き込まれていれば、必ず動作します。今度は点滅の間隔や回数を変えたり、LEDを別の端子に繋いでみたりと、実験してみましょう。

04-2

たくさんのLEDを点灯させる

PIC16F1827は最大15個、PIC12F1822なら最大5個のLEDを点灯させることができます。でも、模型の電飾には、同じ点灯タイミングでも構わないから、LEDをもっとたくさん点灯させたい場合が良くあります。特に、PIC12F1822は出力ピンが4本しかないので、コンパクトさと必要なLED数のジレンマに悩む場合があります。もうひとつPICを使って連携させる方法もありますが、応用範囲も広いトランジスタの使い方を紹介しておきます。トランジスタは、ここでは単純なスイッチの代わりとして使います。PICからの信号で、別の回路のスイッチをON/OFFさせるイメージです。PICは5Vで動作しますが、トランジスタを使えば12VのON/OFFも可能になります。12Vなら、CRDを使って白色LEDを3個点灯させることができますね。更にもっと点灯させたいなら、3個セットを並列で増やせば良いのです。使用するトランジスタ2SC1815は、最大60V、150mAまで流せますので大抵の使用には大丈夫でしょう。今回はPIC12F1822を使ってみましょう。

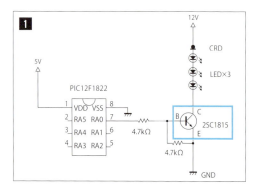

❶2SC1815と書かれた丸がトランジスタになります。
❷実物はこの様な3本足の外観をしています。

B（ベース）、C（コレクタ）、E（エミッタ）の3本の足があり、Bが5VになるとCとEがONになります。ただし、CからEへしか流れませんので、通常はC側にLEDを繋ぎ、Eをマイナスに繋ぎます。（NPN型といいます）プログラムで `RA0 = 1;` とすると、CとEがONになります。

12VにCRDを通して繋がった3個のLEDは、マイナスに繋がりますので点灯する仕組みです。この時、Bには12Vが流れる事は無く、PICが壊れる事はありません。（PICを保護するためにも、4.7kΩの抵抗は必ず入れて下さい）トランジスタを使えば、ひとつの出力ポートでたくさんのLEDを制御できますので、4つしか出力ポートを持たないPIC12F1822でも、4つ以上のLEDを制御可能になります。

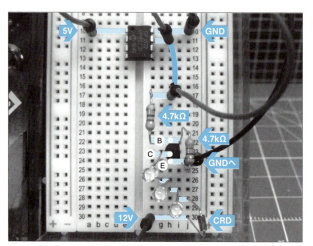

ブレッドボードに試作する

回路図❶と見比べてみて下さい。位置関係がかなり違うので、ちょっと戸惑うかも知れませんが、接続されている部分は同じです。つなぎ方に正解はありませんので、回路図をどうアレンジするのかは自由です。最初は戸惑う事もあると思いますが、すぐに慣れると思います。なお、PIC12F1822は、電源のプラスとマイナスがPIC16F1827と左右で逆になっているので注意が必要です。

プログラミング

プロジェクトを新規作成してください。使用するPICにPIC12F1822を選択して頂ければ、プロジェクト名やソース名は自由に付けて頂いて結構です。コピー/ペーストするテンプレートはPIC12F1822用になります。プログラムは右のようになります。(テンプレートで挿入された部分は省略します)。

```
while(1){
    RA0 = 0;
    __delay_ms(500);
    RA0 = 1;
    __delay_ms(500);
```

今度は、トランジスタが接続されているRA0を制御します。0.5秒間隔で、3個のLEDが点滅するプログラムです。

コンパイル

コンパイルしてPICに書き込んでみましょう。PICkit3の電源供給を設定することをお忘れなく。ブレッドボードに挿して、動作を確認してください。1本の端子から、たくさんのLEDを点灯させることができました。本誌の作例として掲載されているポリススピナーのベースには、液晶モニターが設置されています。このモニターで動画を再生するにはモード選択、ファイル選択、再生開始など、複雑なスイッチの操作が必要ですが、そのスイッチの接点を引き出し、トランジスタでONさせて遠隔操作する事で動画の再生モードに切り替えています。他にもMP3プレーヤーの再生・次曲スイッチを操作して効果音を再生するなど、スイッチを操作できれば、他の機器をコントロール出来る場合がありますので、実はトランジスタは応用範囲がかなり広いです。

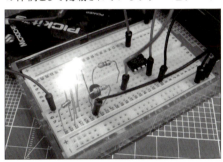

順番に点灯させる

滑走路の誘導灯やパトランプなど、LEDを順番に点灯させたいシチュエーションは意外と多いです。順番にLEDを点灯させる方法を考えてみましょう。今回は、出力端子が5個しかないPIC12F1822では力不足なので、PIC16F1827を使います。

回路図はこのようにLEDが並びます。PORTBの全ての端子にLEDが繋がっています。LEDを順番に点灯させようとする場合、RB0 = 1;として、まず一番最初のLEDを点灯させたら、

RB0 = 0;　点いていたLEDを消して
RB1 = 1;　次のLEDを点灯させる
この調子で、
RB1 = 0;　また点いていたLEDを消して
RB2 = 1;　次のLEDを点灯する
これを繰り返さなくてはなりません。

ＲＢ０やＲＢ１といった名前は予約語なので変数が使えないため、いちいち指定してあげなければならなくなり、ちょっと面倒ですよね。でも大丈夫。ちゃんと別の解決策があるのです。じつはPORTは8個のビットでR構成されているため、2進数で指定できるのです。PORTB = 0b11111111;で全て点灯、PORTB = 0b01010101;とすれば1個とびで点灯できます。つまり、ＲＢ０～ＲＢ７に対応した8個の箱が

あり、そこに1を入れれば点灯するし、0を入れれば消灯するわけです。C言語には、2進数を扱えるビット演算子というものがある事を「2-3 基本的な命令」で触れていますが、その中にビットシフトという演算子があります。

```
PORTB = 0b00000001;     RB0のみ1にして点灯させました
PORTB = PORTB << 1;     1桁ビットシフトさせます
```

これだけでPORTBは0b00000010と、1が左へ移動します（空いたRB0には0が入ります）RB0が消えて、RB1が点灯します。これを利用して、プログラムを組んでみます。

```
while(1){
PORTB = 0b00000001;                     ─── PORTBのRB0だけ1にしました
    while(PORTB !=0){  ※1               ─── PORTBが0以外なら繰り返します
        __delay_ms(100);                ─── 0.1秒待ちます
        PORTB = PORTB << 1;             ─── 1桁ビットシフトします
    }                                   ─── ループで※1へ戻ります
}
```

RB0からRB7まで光が移動する動作を延々と繰り返すプログラムです

8回ビットシフトするとPORTBは全部0になって、whileループを抜け、また最初のセットからになります

今度は左右に動かしてみましょう。戻る動きを追記します。

```
while(1){
PORTB = 0b00000001;                     ─── ここから
    while(PORTB !=0){
        __delay_ms(100);
        PORTB = PORTB << 1;
    }                                   ─── ここまでは同じです

PORTB = 0b10000000;                     ─── 今度はRB7だけを1にしました
    while(PORTB !=0){
        __delay_ms(100);
        PORTB = PORTB >> 1;
    }
}
```

光が左右に折り返して動き続けるプログラムです

今度は右方向へビットシフトしています。やはり全部シフトすると0になるので、whileを抜けて最初に戻ります

ブレッドボード上で、実際に動作してる様子抵抗の足がショートしないように気を付けましょう。

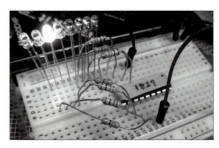

04-3

スイッチ入力

PICでスイッチの状態を検知できると、表現の幅が一気に広まります。スイッチを押すとレーザー砲が光ったり、点灯のパターンが変わったりと、人間の手によって動作を変えることができます。スイッチにも様々な種類があります。押した時だけONになるものや、スライドスイッチの様に、一度切り替えるとずっとONのままのタイプもあります。形状や大きも様々ですので、使用目的に合わせて選択してください。

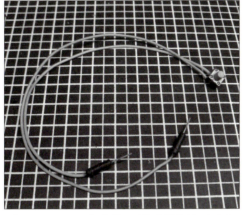

こちらはタクトスイッチと呼ばれる、押した間だけONになるスイッチです。ジャンパー線を加工して自作しました

PICでスイッチを検知する回路は、この様になります

上の写真のように開発の段階ではブレットボードで使えるスイッチを作っておくと便利です。入力する端子はプログラムの初期設定で好きな端子に割り当てることが可能ですが、今回は元々入力専用端子である、RA5を使いました。他の端子で入力したい場合は「59ページ　TRISAの設定」を参照して下さい。スイッチがOFFの時は、4.7kΩの抵抗を通して5Vに繋がっていますので、RA5は「1」になります。（この接続のことをプルアップと言います）スイッチがONになると、マイナスに繋がりますのでRA5は「0」になります。この変化を、プログラムで検出します。

```
if(RA5 == 0){
        ONの処理
}
```

whileを使うと、ONの間実行し続けます

```
while(RA5 == 0){
}
```

スイッチがONの時0になるので注意して下さい。

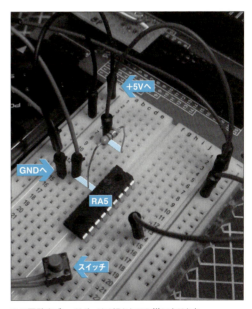

この回路をブレッドボードで組むとこの様になります。

04-4

別のPICと連携する

PICは安価で小さいので、複数使ってもお財布に優しいです。例えば、宇宙船のエンジンを電飾するPICと、ほかの電飾を制御しているPICを、別々に置くことも可能です。これらのPIC同士で、連絡を取り合って連携させることができれば、さらにおもしろい表現ができそうです。マイコンや周辺機器間で、連携やデータを受け渡す方法は規格化されており、UART、SPI、I2Cなどのシリアル通信が用意されています。PICには、初めからこれらの通信するための端子を持っているものもあります。規格化された通信を使うと、液晶画面に文字を表示させたりできるので夢が広がるのですが、使い方が難しくて初心者向きではありません。模型の電飾で連携させる程度なら、単純に0と1の状態を伝えられれば充分でしょう。それなら前項のスイッチ入力を応用すれば1本の信号線で済みますし、簡単に実現できます。連携させるには、スイッチの回路をそっくりPICに代行させます。

PIC16F1827のRA5端子は、4.7kΩの抵抗を介して5Vに接続されていますので、通常は1の状態です。PIC12F1822のRA2を0にすれば、PIC内部でマイナスになりますので、スイッチが押されたことと同じになり、RA5も0になります。PIC16F1827から見ると、スイッチが押されたと同じ状態になります。ちなみに、この信号を分岐すれば、ほかのPICへも同時に信号を送ることが可能です。

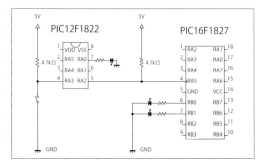

プログラムは、送信側と受信側でそれぞ別々になります。

```
while(1){                          PIC12F1822（送信側）
    RA0 = 0;                       ── RA0のLEDを消します
    RA2 = 1;                       ── RA2の信号は1にして待機します
    while(RA3 == 0){               ── RA3のスイッチが押された間だけ
        RA0 = 1;                   ── RA0のLEDを点灯させます
        RA2 = 0;                   ── RA2を0にします
    }
}
```

```
while(1){                          PIC16F1827（受信側）
    RB0 = 1;                       ── RB0のLEDを点灯させます
    RB1 = 0;                       ── RB1のLEDは消して待機します
    while(RA5 == 0){               ── RA5が0の間だけ、
        RB0 = 0;                   ── RB0のLEDを消して
        RB1 = 1;                   ── RB1のLEDを点灯させます
    }
}
```

今回の例は単純に点灯しているLEDを切り替えるだけですが、複数のPICをコントロールできるなら、例えば航行灯の点滅専用でPICを使ったり、エンジン噴射のコントロール専用でPICを使って、スイッチ入力専用のマスターPICからコントロールするといった、モジュール化が可能になります。安価で小さい、PICならではの使い方といえるでしょう。

04-5

LEDを明滅させる

ここまでの例では、単純にLEDを点ける／消すというものでした。でも、模型をよりリアルに表現するには、段々と明るくなる／スーッと暗くなるといったアナログな光り方をさせたくなります。普通に考えればボリュームを回すイメージで、抵抗値を変化させれば出来そうです。確かにアナログ出力を持つPICもありますけど、使い方が難しく、使える個数も限られますので、何とか1（光る）か0（消える）のデジタル的な出力だけで制御したいところです。そこで、PWM（パルス・ワイズ・モジュレーション）という仕組みを使います。まずはこの仕組みを知らないとプログラミングができませんので、しっかりと学習しましょう。

PWMの仕組み

高速にONとOFFを繰り返し、ONとOFFの割合を増減させて出力を変化させる仕組みです。身近なところでは、ゆっくり発車する電車のモーターなどに利用されています。LEDの明るさを変化させるには、点灯している時間を増減させる事でコントロールします。

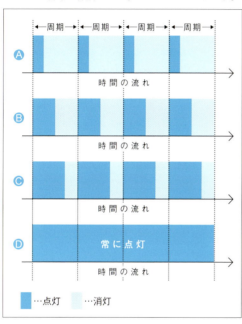

周期は一定です。ただし、ものすごく高速です。

Ⓐ 点灯の時間が短くて、消灯している時間が長ければ、LEDは暗く光ります。

Ⓑ 点灯している時間が長くなってくると、LEDは徐々に明るくなってきます。

Ⓒ 更に点灯している時間の方が長くなってきました。

Ⓓ やがて、常に光った状態になり、普通に点灯させた状態と同じになります。

徐々に暗くしたいなら、この逆の動作をさせれば良いわけです。

PWMを機能として内蔵しているPICもありますが、やはり初心者には使いこなすのが難しく、使えるLEDの数も少ないため、別の方法を考えることにします。ちなみに、LEDを1個だけPWM制御するなら、forループでこの変化を作る事が可能です。例として、ON／OFFの間隔を徐々に変化させてPIC16F1827のRB0に繋げたLEDをゆっくり明滅させるプログラムを次のページで紹介しておきます。グローバル変数や自作の関数など、いままで学習してきたことの集大成となっていますので、復習にもお役立てください。

> ループを使ったPWMの例

```c
int i,j;                    //mainや関数の外で宣言するのでグローバル変数。どこでも共通となる
void pwm(int width);        //自作した関数は、mainの前に宣言する(プロトタイプ宣言)

void main(void) {           //ここからはテンプレートで挿入される部分

    OSCCON = 0b01110010;
    ANSELA = 0b00000000;
    ANSELB = 0b00000000;

    TRISA = 0b00100000;
    TRISB = 0b00000000;

    PORTA=0;
    PORTB=0;                //ここまで

    while(1){
            for(i=1;i<200;i++){    //段々明るくiを変化させる
                pwm(i);            //PWMへi(width)を渡す
            }
            for(i=200;i>1;i--){    //こちらは段々暗くする変化
                pwm(i);
            }
    }   //End of while        無限ループ

}   //End of main

//自作した関数は、mainの外に記入する

void pwm(int width){                //変数width(点灯時間)を受け取る
        for(j=1;j<200;j++){         //周期は200で一定
            if(j < width){                //widthの間だけ点灯
                RB0 = 1;
            }else{
                RB0 = 0;            //それ以外は消灯
            }
            __delay_us(50);         //スピード調整のウエイト
        }
}                                   //戻り値無しで戻る
```

関数で200の一定の周期の間、widthの間だけ点灯させます。

widthはforループで徐々に増減しますので、点灯している時間も増減します。

変数の変化

LEDを1個だけ明滅させるなら、このプログラムで良いのですが、複数のLEDを別々のタイミングで明滅させたい場合には困ってしまいます。つまり、別々のタイミングとなると、LED1つごとに必要な変数を持たせて、別々に変化させてあげる必要があります。まずはLED1個を明滅させるには、どんな変数が必要で、どう変化させれば良いのか見てみましょう。

ZENTIME	最大光度になるまでの周期 これが長い程ゆっくり変化する		ONTIME	ZENTIME中、点灯している時間
FUGOU	ONTIMEを増減させるための符号 +1または-1		IMA	ZENTIME中の、現在位置

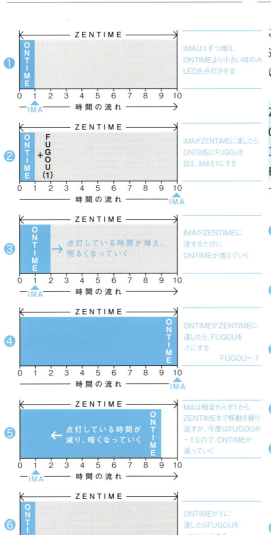

これらの変数が、どの様に変化していくのか、順を追って考えて見ましょう。各変数の初期値は、仮にこの様にセットしました。

```
ZENTIME = 10
ONTIME = 1
IMA = 1
FUGOU = 1
```
では、スタートです。

① IMAが1からZENTIMEまで移動していきます。もし、IMAがONTIMEより小さいなら、LEDを点灯させます。大きいなら消します。

② やがてIMAがZENTIMEまで達したら、ONTIMEにFUGOUを加えます。IMAは1にリセットされます。

③ またa.から繰り返します。IMAがZENTIMEに達する度にONTIMEが増えていくので、LEDが段々と明るくなってきます。

④ やがてONTIMEがZENTIMEまで達したら（最大光度）FUGOU を-1にセットします。

⑤ また1〜2を繰り返しますが、今度はONTIMEが減っていきます。今度はIMAがZENTIMEに達する度にONTIMEが減って行くので、段々と暗くなってきます。

⑥ やがてONTIMEが1に達したら、FUGOUを+1にセットします。一番最初の設定値と同じ状態に戻り、また明るくなる動作に戻ります。

プログラムの解説

LEDをひとつ明滅させるには、4つの変数を使う「明滅プログラム」が必要になります。ループのなかに組み込むと、自分の受け持つLEDだけ処理して次に渡す、モジュールとしてプログラミングします。必要なLEDの数だけ重ねることが出来て、後から追加したり外したり出来るのが理想です。擬似的な並列処理をさせることで、明減だけでなくほかの点滅やスイッチ入力なども組み込むことが可能となります。

```
while(1) {
    明滅プログラム      ← 明滅プログラム
    明滅プログラム
}
```

1個のLEDをゆっくり明減させる

```c
void main(void) {                    ← ここから

    OSCCON = 0b01110010;
    ANSELA = 0b00000000;
    ANSELB = 0b00000000;

    TRISA = 0b00100000;
    TRISB = 0b00000000;

    PORTA = 0;
    PORTB = 0;
                                     ← ここまでは、テンプレートです
//--------変数のセット----------------
    unsigned char zentime = 250;     — 変数はメモリの消費量を抑えるため、charで宣言
    unsigned char ontime = 1;        — unsignedなので、最大値は256まで
    unsigned char ima = 1;
    char fugou = 1;                  — fugouだけは-1になるので通常のchar宣言

while(1) {
    if(ima<ontime){                  — imaがontimeより小さい時だけ点灯
        RB0=1;
        }
     else{
        RB0=0;
        }
    ima++;                           — imaをzentimeまで移動
    if(ima>zentime){                 zentimeまで達したら
        ima = 1;                     imaを1へ
        ontime=ontime + fugou;       ontimeにfugouをプラス
```

```
                        fugou = -1;              ──── ontimeもzentimeに達したらfugouを-1に
                    }
                else{
                    if(ontime<1){                ──── 逆に、ontimeが1以下になったらfugouを+1に
                        fugou = 1;
                        ontime = 1;
                    }
                }
            }

        __delay_us(20);                          ──── 周期速度の微調整ウェイト
    }   // end of while
}       // end of main
```

たくさんのLEDを別々のタイミングで明滅させるには、このプログラムを積み重ねて実行すれば実現できます。例として、4つのLEDをそれぞれ違うタイミングで明滅させるプログラムをご紹介しますが、ご覧のとおり同じ様な変数を宣言して、同じプログラムを変数名を変えて4回書かなくてはなりませんので、コピー/ペーストするにしてもちょっと面倒です。じつは、スッキリと関数にしてしまう方法もあるのですが、そのためには本書では扱わなかった「配列」、「構造体」、「ポインタ」といったプログラミングの専門的な仕組みを理解しなくてはならないので、それはまた別の機会に譲ります。見た目は悪いのですが、コピー/ペーストで増やせば良いし、メモリの消費量(この例では5%)も少なくて済み、納得のいくまで個別に明滅周期を調整できるので、本書ではこの方法をご紹介いたします。もちろん、これが正解なんて言いません。みなさんの使いやすい様にアレンジして頂いて結構です。

4つのLEDを、全く別々のタイミングで明滅させる

```
void main(void) {
    OSCCON = 0b01110010;
    ANSELA = 0b00000000;
    ANSELB = 0b00000000;

    TRISA = 0b00100000;
    TRISB = 0b00000000;

    PORTA=0;
    PORTB=0;

//------変数のセット---------------------
//LED 1 B0
        unsigned char zentimeB0 =250;
        unsigned char ontimeB0 = 1;
        unsigned char imaB0 = 1;
        char fugouB0 = 1;
//LED 2 B1
        unsigned char zentimeB1 =50;
        unsigned char ontimeB1 = 1;
        unsigned char imaB1 = 1;
        char fugouB1 = 1;
```

LED1個ごとに4つの変数が必要になります。
zentimeの値で明滅の周期を変化させる事が可能です。
4つのLEDそれぞれに、別々の周期を持たせています。

```
//LED 3 B2
        unsigned char zentimeB2 =20;
        unsigned char ontimeB2 = 1;
        unsigned char imaB2 = 1;
        char fugouB2 = 1;
//LED 4 B3
        unsigned char zentimeB3 =150;
        unsigned char ontimeB3 = 1;
        unsigned char imaB3 = 1;
        char fugouB3 = 1;

while(1) {
//LED1 B0--------------------------
    if(imaB0 > ontimeB0){
                RB0 = 0;
                }
        else{
                RB0 = 1;
                }
        imaB0 ++;
        if(imaB0 > zentimeB0){
                imaB0 = 1;
                ontimeB0 = ontimeB0 + fugouB0;
                if(ontimeB0 > zentimeB0){
                        fugouB0 = -1;
                        }
                else{
                        if(ontimeB0 < 1){
                                fugouB0 = 1;
                                ontimeB0 = 1;
                                }
                        }
                }
 //LED1 B1--------------------------
    if(imaB1 > ontimeB1){
                RB1 = 0;
                }
        else{
                RB1 = 1;
                }
        imaB1 ++;
        if(imaB1 > zentimeB1){
                imaB1 = 1;
                ontimeB1 = ontimeB1 + fugouB1;
                if(ontimeB1 > zentimeB1){
                        fugouB1 = -1;
                        }
                else{
                        if(ontimeB1 < 1){
                                fugouB1 = 1;
                                ontimeB1 = 1;
                                }
                        }
                }
//LED3 B2---------------------------
    if(imaB2 > ontimeB2){
                RB2 = 0;
                }
        else{
                RB2 = 1;
                }
        imaB2 ++;
```

> LEDのポート番号ごとに、独立した明滅モジュールを重ねています。変数の状況に応じて必要な処理が行なわれ、次々とモジュールが実行されていきます。動作の様子を見ると、一度に複数のLEDを並列処理しているように見えますが、実際には順番に実行しているだけです。

```
            if(imaB2 > zentimeB2){
                    imaB2 = 1;
                    ontimeB2 = ontimeB2 + fugouB2;
                    if(ontimeB2 > zentimeB2){
                            fugouB2 = -1;
                                    }
                    else{
                            if(ontimeB2 < 1){
                                    fugouB2 = 1;
                                    ontimeB2 = 1;
                                    }
                            }
                    }
//LED4 B3----------------------------
    if(imaB3 > ontimeB3){
                    RB3 = 0;
                    }
            else{
                    RB3 = 1;
                    }
            imaB3 ++;
            if(imaB3 > zentimeB3){
                    imaB3 = 1;
                    ontimeB3 = ontimeB3 + fugouB3;
                    if(ontimeB3 > zentimeB3){
                            fugouB3 = -1;
                                    }
                    else{
                            if(ontimeB3 < 1){
                                    fugouB3 = 1;
                                    ontimeB3 = 1;
                                    }
                            }
                    }
    __delay_us(20);

}    // end of while
}        // end of main
```

ブレッドボードへの配線は、「4-2 順番に点灯させる」(P71)を参考にして下さい。プログラムを実行すると、4つのLEDが明滅しますが、あるものは高速に、あるものはとてもゆっくり明滅します。この明滅の周期は、各々のzentimeや最後にあるdelay値を変えることで簡単に調節できます。ZENTIMEなどの変数を256以上にしたい場合は、変数をshortかintで宣言してください。PIC16F1827では、最大15個のLEDを点灯できますが、このプログラムを使えば15個のLEDをそれぞれ別々のタイミングで明滅させる事が可能になります。巻頭に掲載したポリススピナーのパトランプは、このプログラムを使って違うタイミングで明滅させています。

応用例

徐々に光量を増減できることを利用すれば、様々な表現が可能になります。模型に応用した例を、いくつかご紹介しましょう。

a.フルカラーLEDで光の色を変化させる

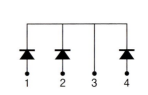

1. Pure Green Anode
2. Blue Anode
3. Common Cathode
4. Red Anode

これは、光の3原色であるR(赤)・G(緑)・B(青)のLEDがひとつのパッケージに入っているLEDで、それぞれの光量を調整することで、自由に色を作り出せるLEDです。駅の案内板や、バスの行き先表示など、普段の生活の中で便利に活用されています。普通のLEDと違って足が4本あり、LEDのプラス又はマイナスが1本にまとめられています。プラスとマイナスのどちらが1本にまとめられているかで、2種類の違いがあります。

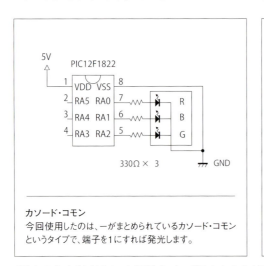

カソード・コモン
今回使用したのは、−がまとめられているカソード・コモンというタイプで、端子を1にすれば発光します。

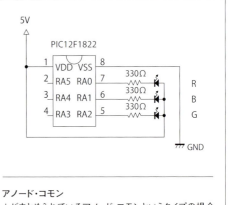

アノード・コモン
＋がまとめられているアノード・コモンというタイプの場合は、接続が逆になり、端子に0を出力すると発光します。

どちらのタイプを使うかで、回路もプログラムも大きく影響を受けますので、フルカラーLEDを購入する際には気を付けて下さい。

それぞれの色をゆっくりと明減させるプログラムです。明減の周期は各色で少しずつ違うので、様々な色の変化を観察できると思います。PIC12F1822を使用しました。

```
フルカラーLEDをゆっくりと変化させる
```

```c
void main(void) {

    OSCCON = 0b01110010;
    ANSELA = 0b00000000;
    TRISA = 0b00100000;

    PORTA = 0;              //ここまではテンプレート

//--------変数のセット--------------------
//LED 1 RED
        unsigned char zentimeR = 230;
        unsigned char ontimeR= 1;
        unsigned char imaR = 1;
        char fugouR = 1;

//LED 2 BLUE
        unsigned char zentimeB = 240;
        unsigned char ontimeB = 1;
        unsigned char imaB = 1;
        char fugouB = 1;

//LED 3 GREEN
        unsigned char zentimeG = 250;
        unsigned char ontimeG = 1;
        unsigned char imaG = 1;
        char fugouG = 1;

while(1){
//LED1 RED --------------------------------
    if(imaR > ontimeR){
                RA0 = 1;
                }
        else{
                RA0 = 0;
                }
        imaR ++;
        if(imaR > zentimeR){
                imaR = 1;
                ontimeR = ontimeR + fugouR;
                if(ontimeR > zentimeR){
                        fugouR = -1;
                        }
                else{
                        if(ontimeR < 1){
                                fugouR = 1;
                                ontimeR = 1;
                                }
                        }
                }

//LED2 BLUE---------------------------------
    if(imaB > ontimeB){
                RA1 = 1;
                }
```

```
            else{
                    RA1 = 0;
                    }
            imaB ++;
            if(imaB > zentimeB){
                    imaB = 1;
                    ontimeB = ontimeB + fugouB;
                    if(ontimeB > zentimeB){
                            fugouB = -1;
                            }
                    else{
                            if(ontimeB < 1){
                                    fugouB = 1;
                                    ontimeB = 1;
                                    }
                            }
                    }
//LED3 GREEN--------------------------------
    if(imaG > ontimeG){
                    RA2 = 1;
                    }
            else{
                    RA2 = 0;
                    }
            imaG++;
            if(imaG > zentimeG){
                    imaG = 1;
                    ontimeG = ontimeG + fugouG;
                    if(ontimeG > zentimeG){
                            fugouG = -1;
                            }
                    else{
                            if(ontimeG < 1){
                                    fugouG = 1;
                                    ontimeG = 1;
                                    }
                            }
                    }

    __delay_us(50);

        }       //End of while

}       //End of main
```

周期を変えた明滅プログラムを、3段重ねてRGBをコントロールしているだけです。このプログラムを入力するには、変数の名前をいちいち変更しながらコピー/ペーストするので、煩わしいと感じるかも知れません。その代わり、スタックするだけと仕組みがとてもシンプルなので、ご自分でどんどん使いやすく改良して頂きたいと思います。

b.ビームライフルの発砲を再現する

応用例として、ガンダムなどのプラモデルを電飾してみましょう。アニメでよく見る、目がキラリと光ってから、ビーム・ライフルにエネルギーがチャージされて段々と光が強くなってきて、一気に発砲! スーッと消えていく。というシーケンスを再現してみます。PIC12F1822を使用して、目はRA0、ライフルはRA1、変数は使い回しています。

```
// CONFIG
#pragma config FOSC = INTRCIO
#pragma config WDTE = OFF
#pragma config PWRTE = ON
#pragma config MCLRE = OFF
#pragma config BOREN = ON
#pragma config CP = OFF
#pragma config CPD = OFF

#include <xc.h>
#define _XTAL_FREQ 8000000

void main(void) {
    OSCCON = 0b01110010;
    ANSEL  = 0b00000000;
    TRISA = 0b00001000 ;
    PORTA = 0;

        int i;
        //LEDの明滅のための変数
        int zentime1 =200; //256以上になるのでint
        int ontime1 = 2;
        int ima1 = 1;
        char fugou1 = 2;
        char exw = 1;   //ループを抜けるためのフラグ

while(1){
//20秒待つ------------------------------------
        for(i=1;i<20;i++){
            __delay_ms(1000);
        }
//撃つ前に目がキラリ-------------------------------
        zentime1 = 200;
        ontime1 =2;
        ima1 = 1;
        fugou1 = 1;
        exw = 1;

    while(exw){
        if(ima1 > ontime1){
            RA0 = 1;            //1と0逆にして、
        }                       //最大から消える方へ
        else{
            RA0 = 0;
        }

        ima1++;

        if(ima1 > zentime1){
            ima1 = 1;
            ontime1 = ontime1 + fugou1;

            if(ontime1 > zentime1){
                exw = 0;            //while 抜ける
            }
```

```
            }
        }    //end of while exw
// ライフルを徐々に発光----------------------------
        zentime1 = 300;
        ima1 = 1;
        ontime1 = 1;
        fugou1 = 1;
        exw = 1;

    while(exw){
        if(ima1>ontime1){
          RA1 = 0;
          }
          else{
          RA1 = 1;
          }
        ima1++;
        if(ima1 > zentime1){
          ima1 = 1;
          ontime1 = ontime1 + fugou1;
            if(ontime1 > zentime1*0.4){   //40%光れば
              exw = 0;                    //while 抜ける
              }
            }
    }     // end of while exw

// ライフル発射-------------------------------------
        RA1 = 1;
        __delay_ms(2000);   //2秒間最大光度

// ライフル徐々に消えていく--------------------------
        zentime1 = 400;
        ima1 = 1;
        ontime1 = 1;
        fugou1 = 1;
        exw = 1;

    while(exw){

        if(ima1 > ontime1){
          RA1 = 1;          //1と0を逆にして消える方へ
          }
          else{
          RA1 = 0;
          }
        ima1++;

        if(ima1 > zentime1){
          ima1 = 1;
          ontime1 = ontime1 + fugou1;
            if(ontime1 > zentime1){
              exw = 0;           //while 抜ける
              }
            }

    }    //end of while exw

        RA1 = 0;

}        //end of while

}        //end of main
```

あとがき

いかかでしたでしょうか？自分が初めてPICでLEDを点滅できた時、これからは、どんな光の表現も思いのままになる！と、無限の可能性を感じて、ワクワクが止まりませんでした。しかし、PICの存在を知ってから、最初のLEDが灯るまでは、決してスムーズな道のりではありませんでした。まずはPIC以外にも存在するマイコン、AVRやArduino、Raspberry Pi、IchigoJamなどの、長所や短所を徹底的にリサーチして、「模型を電飾する」という目的に見合ったマイコンを選別するための時間が必要でした。そのなかでPICは内部構造がトリッキーで古く、決して使いやすくはありませんが、コンパクトで価格が安く、開発のための環境が最も整っていました。そして何より、インターネット上にたくさんの製作事例やトラブル対応の情報があることが心強かったのです。ところが、PICには大きな落とし穴がありました。初期設定がとても難しくて、プログラムを始める前にヘトヘトに疲れてしまうのです。確かにインターネットには膨大な情報がありますが、そのなかから「自分に必要な情報はこれ？」、「いまは必要ないけど後で参照したいな」、「ふーん、これはおもしろいいなぁ」と、気付くと情報の海におぼれているのです。結局、多くの時間を掛けたにも関わらず初期設定は完了せず、プログラムの作成に届かないまま、ほとんどの方が挫折していきました。プログラムで苦労するなら判りますが、使い始める前に挫折してしまうのは困ります。そこで、初期設定の何が問題になるのか、もっと簡単にできる方法はないものかと、アイディアを絞った結果が、本書で紹介しているテンプレート化です。使うPICを2種類に限定し、テンプレートで初期設定をすぐに済ませる。模型を電飾するのが目的ですから、難しい命令は後回し。基本的な命令を数種類覚えれば充分です。つまり、最低限の労力で、美味しい電飾がすぐにできちゃう方法なのです。いままでPICに興味はあったけど、難しそうだと尻込みしていた方、やってみたけど玉砕した方、既に使っているけどもっと使い込みたい方、すべてのモデラーに送りたい一冊になりました。この本で、あなたの模型ライフが、更にワクワクになる事を、心より願っております。

どろぼうひげ

ILLUMINATED MODELS

A GUIDE TO DECORATING PRASTIC MODELS WITH LIGHT

初心者用 電飾模型プログラミングガイド
電飾しましょっ! 2 *PIC編*

著／author
どろぼうひげ

編集／Editer
モデルグラフィックス編集部
関口コフ

撮影／Photo
インタニヤ

Cover Design装丁／Bookbinde
福井政弘

DTP／DTP
波多辺健（ハタ）

協力／Special thanks
有限会社プラッツ

©1982, 1991, 2007 WARNER BROS. ENTERTAINMENT INC. ALL RIGHTS RESERVED.

Terminator 2: Judgment Day, T2, THE TERMINATOR, ENDOSKELETON, and any depiction of Endoskeleton are trademarks of Studiocanal S.A. All Rights Reserved. © 2013 StudioCanal S.A. ®All Rights Reserved

電飾しましょっ! 2 PIC編

発行日　2019年1月14日 初版第1刷

発行／株式会社 大日本絵画
〒101-0054 東京都千代田区神田錦町1丁目7番地
URL: http://www.kaiga.co.jp/

編集人／市村弘
企画／編集 株式会社アートボックス
〒101-0054 東京都千代田区神田錦町1丁目7番地
錦町一丁目ビル4階
URL: http://www.modelkasten.com/

印刷／大日本印刷株式会社
製本／株式会社ブロケード

販売に関するお問い合わせ先: 03(3294)7861 (株)大日本絵画
内容に関するお問い合わせ先: 03(6820)7000 (株)アートボックス

Publisher/Dainippon Kaiga Co., Ltd.
Kanda Nishiki-cho 1-7, Chiyoda-ku, Tokyo 101-0054 Japan
Phone 03-3294-7861
Dainippon Kaiga URL: http://www.kaiga.co.jp
Editor/Artbox Co., Ltd.
Nishiki-cho 1-chome bldg., 4th Floor, Kanda
Nishiki-cho 1-7, Chiyoda-ku, Tokyo 101-0054 Japan
Phone 03-6820-7000
Artbox URL: http://www.modelkasten.com/

ISBN978-4-499-23251-7

定価はカバーに表示してあります。
本誌掲載の写真、図版、イラストレーションおよび記事等の無断転載を禁じます。